W0189621

clv

# Wenn Gott frei macht

Christliche Literatur-Verbreitung e.V.
Ravensberger Bleiche 6 · 33649 Bielefeld

1. Auflage 1999
2. Auflage 2000
3. Auflage 2002
4. Auflage 2007
5. Auflage 2013
6. Auflage 2017
7. Auflage 2022

© 1999 by CLV · Christliche Literatur-Verbreitung
Ravensberger Bleiche 6 · 33649 Bielefeld
Internet: www.clv.de

Redaktion: Gitti Niederseer und Albert Kröll
Umschlag: Lucian Binder, Marienheide
Satz: CLV
Druck und Bindung: GGP Media GmbH, Pößneck

Artikel-Nr. 255425
ISBN 978-3-89397-425-2

# Inhalt

**Eckhard Schitter**

# Endlich auf festem Grund

Eine Faust donnert gegen die Tür meiner Kajüte. Ich höre einen meiner Kameraden rufen: »Geh ans Steuerruder! Karl kann nicht mehr!« Schlaftrunken drehe ich mich um und plötzlich weiß ich wieder, wo ich bin. Ein Blick aus dem Bullauge zeigt mir überdeutlich, dass der Sturm noch immer mit voller Kraft gegen unsere Nussschale wütete. Seit zwei Tagen treiben wir in einer 38-Fuß-Yacht vor der französischen Küste.

Eine Woche vor Ostern war ich mit einer bunt zusammengewürfelten Schar von sechs Seglern zu einem Törn aufgebrochen. Wir waren bei blauem Himmel und bester Laune gestartet. Drei Stunden später sah es jedoch schon ein wenig anders aus. Die Kraftstoffzuleitung zum Dieselmotor war leck geworden. Der austretende Diesel breitete sich in der Bilge[1] aus und furchtbarer Gestank machte das Ver-

---

1   Kielraum eines Schiffes, in dem sich das Leckwasser sammelt.

weilen unter Deck fast unmöglich. Am späten Nachmittag frischte der Mistral stark auf, die Wellen wurden so steil und hoch, dass das Heck mit dem Steuerruder zeitweise in der Luft war, wodurch das Schiff immer wieder aus dem Kurs schoss und in gefährliche Situationen geriet.

Bei einer kurzen Besprechung gestern Abend sah sich außer Karl und mir keiner in der Lage, die Yacht unter solchen Umständen zu steuern, weswegen wir zwei uns in vierstündigem Rhythmus abwechseln wollten. Am Morgen graute mir davor, wieder in mein von der letzten Nacht nasses Ölzeug zu schlüpfen, wieder vier Stunden lang an die Reling gekettet den Wellen ausgesetzt zu sein, die von Zeit zu Zeit von hinten über mir zusammenschlagen würden.

Krachend schlug die Türe meiner Kajüte auf. Reinhard, sonst ein »gestandenes Mannsbild«, stand mit panischem Gesichtsausdruck da und schrie: »Du musst hinaus! Wie kannst du unter diesen Umständen in deiner Koje im warmen Schlafsack liegen?«

Der Wind hatte in der Zwischenzeit etwas Wasser in das Innere des Schiffes gedrückt. Darauf hatte sich der Diesel aus der undichten Treibstoffleitung ausgebreitet. Ein ekelerregender Geruch hing im Schiffsbauch. Jeder Schritt auf dem durch Wasser und Diesel extrem glitschigen Boden konnte mit einem bösen Unfall enden. Im Hintergrund des Salons sah ich die weißen Gesichter der anderen – einige waren apathisch, andere leckten sich nervös die Lippen.

Meine Kameraden redeten von einem großen Bildbericht, den eine Seglerzeitschrift zwei Wochen vor unserer Abreise gebracht hatte. Vor der Küste Sardiniens war ein Segelboot im Sturm gekentert. Drei erfahrende Segler und ihre Frauen waren damals an Land gespült worden.

Ich hatte mich inzwischen auch schon gefragt, was uns dazu bewogen hatte, ausgerechnet zur Zeit der Frühjahrsstürme in einem Gebiet zu segeln, das zu dieser Jahreszeit eine der höchsten Sturmhäufigkeiten der Welt aufweist.

Während ich mich in mein nasses Ölzeug zwängte, verlor ich plötzlich das Gleichgewicht und knallte gegen die Steuerbordseite. Das Schiff legte sich beängstigend »aufs Ohr«. Die Spindtüren im Salon flogen auf, Konservendosen aus den Backbordstauräumen schossen wie Granaten durch den Schiffsbauch und schlugen auf der Steuerbordseite stattliche Dellen in die Mahagoniverkleidung. Höchste Zeit, dass ich an meinen Platz am Steuerruder kam, heraus aus diesem stinkenden Schiffsbauch, in dem es bald gefährlicher war als an Deck.

Beim Hinauszwängen durch den Niedergang fragte ich mich: »Aus welchem Grund kannst du in dieser Situation relative Ruhe bewahren? Was lässt dich bei so einem Sturm ruhig schlafen?« Die Antwort war einfach: »Weil ich einen Herrn habe, der die Macht hat, mich trotz schwierigster Umstände zu bewahren. Er wird mich keine Minute früher zu sich zu nehmen, als er es für richtig hält!«

Heute noch lese ich oft in der Bibel den Psalm, der auf meine damalige Situation wie zugeschnitten scheint:

> *Die sich mit Schiffen aufs Meer hinausbegaben,*
> *auf großen Wassern Handel trieben,*
> *das sind die, die die Taten des HERRN sahen*
> *und seine Wunder in der Tiefe.*
> *Er redete und bestellte einen Sturmwind,*
> *und der trieb seine Wellen hoch.*
> *Sie stiegen zum Himmel empor,*
> *sie sanken hinab in die Tiefen,*
> *es verzagte in der Not ihre Seele.*
> *Sie taumelten und schwankten wie ein Betrunkener,*
> *es versagte all ihre Weisheit.*
> *Dann aber schrien sie zum HERRN in ihrer Not:*
> *und er führte sie heraus aus ihren Bedrängnissen.*
> *Er verwandelte den Sturm in Stille,*
> *und es legten sich die Wellen.*
> *Sie freuten sich, dass es still geworden war,*
> *und er führte sie in den ersehnten Hafen.*
> *Sie sollen den HERRN preisen für seine Gnade,*
> *für seine Wunder an den Menschenkindern.*[2]

Wie ich diesen Herrn Jesus Christus kennenlernte? Das kam so:

---

2    Psalm 107, Verse 23-31

## Aus einem Ministranten wird ein Spötter

Angefangen hat alles im Jahr 1954. Ziemlich genau in der Mitte dieses Jahres, in einer Zeit des technischen Aufbruchs, einer Zeit, wo man sich langsam von den Wunden des Zweiten Weltkrieges erholte, wurde ich geboren. Mein Zuhause war Altenmarkt, ein kleiner Gebirgsort in den Radstädter Tauern. Ich war das vierte von fünf Kindern. Meine Eltern betrieben in diesem Ort ein kleines Lebensmittelgeschäft mit einer Textilabteilung.

Meine Kindheit war geprägt von einer starken Beziehung unter den Familienmitgliedern. Dass wir auch heute noch ein herzliches Verhältnis zueinander haben, geht sicher auf diese Zeit zurück. Besonders meine Mutter war bestrebt, dass wir als Familie die wenige Freizeit gemeinsam verbrachten. Wir wanderten oder machten Ausflüge. Von meinem Vater bekam ich die Liebe zu den Bergen mit.

Diese Lebensphase war aber auch gekennzeichnet von einer gewissen finanziellen Knappheit, die zwar dank des enormen Arbeitseinsatzes meiner Eltern nie in Mangel umschlug, aber dennoch ein intensives Haushalten erforderte. Auch musste bei der Arbeit kräftig gemeinsam geholfen werden. Ich kann mich erinnern, dass ich manche Unternehmung mit Schulkameraden wegen Arbeiten in Haushalt und Geschäft absagen musste.

In geistlicher Hinsicht war mein Leben von der starken Religiosität meiner Mutter beeinflusst. Wir Kinder mussten neben dem Kirchgang am Sonntagvormittag jeden ersten Freitag im Monat schon morgens um sechs Uhr die Messe besuchen. Später wurde ich Ministrant, wobei ich nicht verhehlen möchte, dass für mein diesbezügliches Engagement eher die finanziellen Zuwendungen des Pfarrers ausschlaggebend waren als mein Interesse an der Religion.

Dennoch machte ich mir in dieser Zeit viele Gedanken zu dem, was sich fast jeden Morgen vor meinen Augen auf dem Altar abspielte. Leider konnte diesem neugierigen Buben niemand erschöpfend Antwort geben: »Was geschieht genau bei der Umwandlung von Wein in das Blut Jesu?« »Wie weiß man nun genau, ob es nur Wein oder umgewandeltes Blut Jesu ist?« »Warum wird die Oblate, die vorher in einer Schublade der Sakristei herumgelegen ist, auf einmal so heilig, dass man sich davor verbeugen oder gar hinknien muss?« »Wie viele Messen muss man mindestens bezahlen, dass man sicher in den Himmel kommt?«

Dass niemand mir konkrete Antworten geben konnte, hat im Laufe der Zeit dazu beigetragen, das Fragen einzustellen und Religion als »Opium fürs (einfache) Volk« zu bezeichnen, wie Karl Marx es in seinem viel zitierten Satz auf den Punkt brachte.

Nach der »Abnabelung« von meiner Familie im Laufe der Pubertät wandte ich mich von der Kirche völlig ab. Niemand konnte mir eine zufriedenstellende Erklärung für die Vorgänge rund um Bibel und katholischen Glauben liefern und selbst konnte ich mir auch keinen Reim darauf machen. So beschloss ich, meinen eigenen Weg zum Sinn des Lebens zu finden. Der Religionsunterricht im Gymnasium diente nur mehr dazu, meine »Diskussionszunge« zu schleifen. Ich war auf dem besten Weg, ein Spötter zu werden.

## Auf der Suche

Während meines Sportstudiums erwachte ein starkes Interesse an den sogenannten Para-Wissenschaften und New-Age-Philosophien. Ich las alles, was über Wünschelrutengehen, Biofeedbackmethoden, Pyramidenenergie, Edelsteinstrahlung, Pendeln, Astrologie und andere parapsychologische und sogenannte grenzwissenschaftliche Phänomene nur irgendwie in die Hände zu bekommen war.

Ständig übte ich mich in Meditation und Visualisierung, machte eine Hypnoseausbildung, las den Koran und buddhistische Literatur und suchte nach effektiven Methoden, wie ich mein Schicksal und die mich umgebenden Menschen in meinem Sinn beeinflussen konnte. Eine gewisse Faszination war es für mich auch, dass dieses »Wissen« – zumindest damals – offensichtlich nur einer sehr kleinen Gruppe von Personen zugänglich war. Aus heutiger Sicht war diese scheinbare Exklusivität beste Nahrung für meinen Stolz. Positives Denken und der Glaube an die Macht meines Unterbewusstseins waren meine »Religion« und ich fraß förmlich die Bücher von Hull, Murphy, Napoleon Hill und anderen. Ich glaubte, dass der Schlüssel zu Zufriedenheit und Lebenserfüllung in der Entwicklung meiner eigenen Fähigkeiten und Kräfte liege.

Letztendlich musste ich aber erkennen, dass der Mensch zu schwach ist, um die Anforderungen dieser neuen »Heilsrezepte« zu erfüllen. Nie lernte ich jemanden kennen, der in der Lage gewesen wäre, das zu leben, wovon er geredet hat, auch die »Prediger« dieser »Erkenntnisse« konnten es nicht.

Wer aber nur mehr auf das »richtige« Atmen, die »richtige« Nahrung, die »richtige« Art des Gehens oder Sitzens konzentriert ist; wer ständig in Sorge um eine positive Einstellung, ausreichende Meditation oder genügend Dauerlaufpensum lebt, der ist auf dem besten Weg, wesentliche Dinge zu übersehen und sich in einer Scheinwelt zu bewegen.

Einer der zentralen Ansatzpunkte bei all diesen sogenannten Grundlagen war: Mit der Kraft deiner Gedanken, der Macht deines Lächelns, der Energie deiner guten Laune, der Stärke deiner Wünsche kannst du mithilfe deines Unterbewusstseins deine Umwelt so beeinflussen, dass alles genau so wird, wie du es willst. Und ich war dabei, die alte Lüge zu glauben, die schon auf einer der ersten Seiten der Bibel steht. Dort steht zwar nicht: »Du kannst alles erreichen, was du willst!«, sondern »Ihr werdet sein wie Gott« – was aber letztendlich auf dasselbe hinausläuft.

Die (pseudo)wissenschaftliche Erklärung für die Funktion dieser Theorie war für mich damals logisch. Die Erklärungen lauteten: Wenn Gott dich erschaffen hat, dann ist auch etwas Göttliches in dir und du brauchst es nur zur Entfaltung bringen. Alles im Universum ist Schwingung. Schwingungen beeinflussen sich gegenseitig. Wenn nun deine Gedanken Schwingungen sind, kannst du damit deine Umwelt in jeder gewünschten Weise beeinflussen. Die Stärke dieser Schwingungen steigt mit der Kraft deines Glaubens an deine Wünsche. Du brauchst also nur genug Glauben haben und dein Unterbewusstsein wird alles dazutun, damit du erreichst, was du willst.

Leider hat das bei mir und bei vielen anderen nur bis zu einem sehr geringen Grad funktioniert, also hatten wir wohl alle zu wenig Glauben. Ich habe von Menschen gehört, die mit dieser Art von Glauben ihren Krebs überwinden wollten und mit dieser Methode furchtbar gescheitert sind. »Glaube« war also der eigentliche Engpass bei der Erfüllung aller meiner Wünsche. Aber wie bekommt man denn mehr Glauben?

Ich meditierte, ich »imaginierte«, »visualisierte« und stellte mir die Erfüllung meiner Wünsche so genau wie möglich vor. Einmal ging ich sogar in eine Parkgarage und betrachtete meinen Traumwagen, um meinem Unterbewusstsein möglichst genaue Vorstellungen von meinen Zielen zu vermitteln. Ein anderes Mal baute ich eine Pyramide aus Holz und setzte mich zum Meditieren hinein. Den spärlichen Erfolg meiner Bemühungen erklärte ich dadurch, dass ich diese Konstruktion in unserem Garten nicht genau genug nach Norden ausgerichtet hatte und dass meine Glaubenskraft wohl noch zu wenig entwickelt war.

Während der Sommermonate jobbte ich, um meinen Studien-Etat aufzustocken. So arbeitete ich 1978

drei Monate an einem Brunnenprojekt in der liby-
schen Sahara. Die Stille der Wüste und die Schönheit
des Sternenhimmels sind mir noch tief in Erinnerung.

Es war aber auch jene Zeit, als ich – trotz aus-
gedehntesten Meditierens, versuchter gedanklicher
Beeinflussung meines Unterbewusstseins und »Glaubens« an den Erfolg – nach meiner Rückkehr zur
Kenntnis nehmen musste, dass sich die von mir heiß
begehrte Dame meines Herzens in der Zwischenzeit
einem anderen Herrn zugewandt hatte. Das war ein
ziemlicher Rückschlag in meinen Theorien, kraft
meiner Gedanken alles erreichen zu können, was ich
wollte!

Ich sah mich zunehmend in einem Dilemma:
Ich glaubte zwar, den Konstruktionsplan zu einem
erfolgreichen Leben zu haben, hatte aber zu wenig von
diesem »Treibstoff Glauben«, der meine Gedanken
zum Erfolg bringen konnte.

1978 beendete ich mein Studium und heiratete 1981
meine Frau Gabriele. In der Folge widmete ich mich
intensiv meinem Lehrberuf sowie dem Ausbau meiner
Beraterpraxis für Lern- und Konzentrationstechniken.

### Probier's doch mal mit der Bibel

In dieser Zeit sah ich aber auch, dass ich mich mit meiner Ideologie, mit meinem Weltbild und meinen Wer-
ten immer tiefer in eine Sackgasse hineinmanövrierte.
Ich hatte nicht genug »Energie« oder genügend
»starke« Schwingungen, um die mich umgebende Realität kraft meiner Gedanken in der gewünschten Weise

zu beeinflussen. Ich schaffte das nicht einmal bei meinen eigenen charakterlichen Schwächen.

Einer meiner Brüder sprach mich an. Er meinte: »Probier's doch einmal mit der Bibel.«

In meinen »klugen« Büchern über positiven Glauben wurden auch Stellen aus der Bibel zitiert. So dachte ich, vielleicht könne ich sogar mit Gottes Hilfe der Methode näher kommen, wie ich mein Schicksal stärker in die von mir gewünschte Richtung lenken könne.

Ich las also in der Bibel und je mehr ich mich damit beschäftigte, desto brennender wurde die Frage: »Was ist, wenn das stimmt, was hier steht? Was ist, wenn Gott persönlich an mir interessiert ist, wenn er will, dass ich seinen Plan mit mir verstehe, wenn er mich lenken und leiten will, ja, wenn er seinen Sohn dafür gab, dass ich in engster Gemeinschaft mit ihm sein kann? Dann hätte ich jahrelang auf das falsche Pferd gesetzt!« Offensichtlich war nicht mein Plan das Beste für mich, sondern SEIN Plan, der Plan dessen, der mich geschaffen hatte.

Je mehr ich in der Bibel las – mir wurde bewusst, dass ich sie trotz meiner religiösen Erziehung niemals richtig gelesen hatte –, desto mehr freute ich mich, endlich anstelle meiner »selbst gekochten« Ideologie eine Wegweisung für mein Leben und weit darüber Hinausgehendes gefunden zu haben. Ich sah, wenn Gott mich erschaffen hat, dann ist er keine neutrale Kraft oder Energie, mit der jeder nach Belieben verfahren kann, sondern ein Wesen mit (unvorstellbar großer) Intelligenz, klaren Zielen und ausgeprägtem Willen. Dann würde ich aber auch nur in Übereinstimmung mit *seinem* Willen und Plan etwas Gutes zuwege bringen.

Es war sehr herausfordernd, Stellen wie die folgende in der Praxis umzusetzen: *Was immer wir bitten, empfangen wir von ihm, weil wir seine Gebote halten und das vor ihm Wohlgefällige tun.*[3] Es bedeutete schließlich ein Wagnis, vorher zu glauben, um dann die Wirkungsweise festzustellen.

Aber es war auch ungemein beruhigend, die Worte Jesu zu lesen: *Wahrlich, wahrlich, ich sage euch: »Wer mein Wort hört und glaubt dem, der mich gesandt hat, hat ewiges Leben und kommt nicht ins Gericht, sondern er ist aus dem Tode in das Leben übergegangen.«*[4]

Anfangs las ich die Bibel sehr selektiv und suchte mir natürlich alle »Rosinen« heraus. Gerade die vielen Stellen im Alten Testament, wo es um Versprechungen hinsichtlich Reichtum, Gesundheit, langes Leben etc. ging, faszinierten mich. Erst später erkannte ich, dass diese Zusagen Gottes auch an Bedingungen und besondere Voraussetzungen geknüpft sind. Aber Gott war schon damals geduldig mit mir.

### In eine neue Richtung

Anfang des Jahres 1984 erkannte ich, dass ich bisher in eine falsche Richtung unterwegs gewesen war und Gott von Menschen, die seine Gemeinschaft genießen möchten, eine Umkehr fordert. Also kehrte ich mei-

---

3   1. Johannesbrief 3, Vers 22
4   Johannes 5, Vers 24

nen bisherigen Ideen bewusst den Rücken zu, wandte mich an Jesus und sagte ihm, dass ich von nun an mein Leben unter seine Führung stellen wolle. Meine Frau kannte meine Begeisterungsfähigkeit für »unsichtbare Dinge«. Als sie von meiner Umkehr erfuhr, meinte sie trocken, dass ich mich wohl wieder einmal von jemandem »mit der Kappe« hätte fangen lassen.

Ich aber dachte, nun würde alles genauso werden, wie ich es mir vorstellte. In der Bibel steht, dass Gott mich liebt, und als seinem Kind würde er mir nun wohl alles geben, was ich mir wünschte. Ich meinte auch, diesem Umstand durch besondere Anstrengungen nachhelfen zu können. Ich sah (noch) nicht, dass er mir seine Liebe zwar schenken, ich sie aber nie verdienen kann.

Es kam anders als erwartet. Ich geriet wirtschaftlich in ziemliche Turbulenzen. Teilweise war das selbst verschuldet, andererseits war die Ursache bei Geschäftspartnern zu suchen, denen ich zu sehr vertraut hatte.

Wo war nun der Herr, der mir, wie ich meinte, Wohlergehen, Hilfe in jeder Situation, Glück und Überfluss versprochen hatte? Warum wollte er, obwohl er allmächtig war, die Dinge, die ich falsch gemacht hatte, nicht sofort ins Lot bringen? Warum beeinflusste er meine Umstände nicht in der Weise, dass ich meine finanziellen Sorgen loswurde und ein beruhigendes finanzielles Polster auf meinem Konto hatte?

Im Laufe des Jahres 1985 verdichteten sich meine Schwierigkeiten. Ich hatte meiner Familie gegenüber Verantwortung zu tragen und den Schwierigkeiten »nur« Arbeitswillen und meinen Glauben an den Herrn Jesus gegenüberzustellen. Ende 1985 war ich dann wirklich am Ende.

Ich kann mich noch gut erinnern. Am 30. Dezember saß ich tief betroffen mit meinem Geschäftspartner in einem Auto im Schwarzwald und betete. Wenige Stunden zuvor hatte uns ein betrügerischer Geschäftspartner die letzte Hoffnung auf eine versprochene Entlohnung für unser geschäftliches Engagement zunichtegemacht.

Mein Glaube an Jesus Christus stand auf dem Prüfstand. War ich nun bereit, an diesen Jesus Christus zu glauben und ihm zu vertrauen, auch wenn die Dinge nicht so liefen, wie ich sie gerne gesehen hätte? War er auch jetzt noch mein Herr, wenn er andere Pläne mit mir hatte? Mir war inzwischen längst klar, dass bei dem Glauben, den die Bibel meint, keine geistige Kraftanstrengung meinerseits gemeint war. Was genau war aber gemeint?

Immer deutlicher sah ich, dass es nicht darum ging, dass Jesus das ausführte, was ich wollte. Die Frage war vielmehr, ob ich bereit war, dem Weg zu folgen, den ER mit mir vorhatte – auch wenn er für mich schwer verständlich, unangenehm und steinig war. Ich hatte zu lernen, dass Bekehrung bedeutet, dass ich mein Leben auf Jesus Christus gründe, dass ER von nun an die Richtung angibt. Seine Führung sah manchmal anders aus, als ich mir vorstellen konnte und wollte.

1985 erschien mein Buch »Stress und Stressbewältigung«. Obwohl ich heute manche der darin niedergeschriebenen Theorien nicht mehr vertrete, war es eine gute Gelegenheit, darzustellen, dass es auch nüchterne und bodenständige Methoden zur Bewältigung dieses Problems gibt. Persönlich hatte ich sehr stark den Eindruck, dass sich die Schwierigkeiten vor dem Erscheinen des Buches erst dann überwinden ließen, als ich bereit war, in einem Nachwort für Christen meinen persönlichen Glauben und meine Einstellung deutlich zu machen.

Dieses Buch war auch der Auslöser für eine Seminartätigkeit zum Themenkreis Stressbewältigung und einer der Initialpunkte zu einer beruflichen Weiterentwicklung, die sich bis heute der Verbesserung der persönlichen Organisation von Führungskräften und ihrem Umgang mit Zeit widmet.

In diesem Jahr wurde nach Eckhard und Sigrun unser drittes Kind Birgit geboren. Hinsichtlich der Geburt unserer zweiten Tochter darf ich von einer deutlichen Gebetserhörung sprechen. Sechs Wochen vor dem Geburtstermin verspürte meine Frau Wehen und wir fuhren ins Krankenhaus. Da das Kind noch keine ausgereifte Lunge hatte, wurden meiner Frau wehenhemmende Mittel verabreicht, um den Geburtszeitpunkt noch hinauszuschieben.

Trotz dieses Medikaments setzten wenig später die Wehen mit unverminderter Stärke ein und die Ärzte bereiteten alles für die Geburt vor. Schnell wurde noch ein Medikament zur Beschleunigung der Lungenreifung gespritzt und dann – mitten im Geburtsvorgang – setzten die Wehen aus. Meine Frau Gabi wurde weiß wie eine Wand und bewegte sich fast nicht mehr. Ich sah hinter dem Mundschutz der Ärzte nur mehr deren Augen, in denen sich nun große Sorge widerspiegelte. Meine Frau wurde hektisch in den Operationssaal gefahren und ich blieb allein im Vorzimmer. Ich konnte nur mehr eines tun – beten. In meiner Not bat ich meinen Herrn um Hilfe und, wenn es irgendwie sein könnte, dass er mir meine Frau und das Kind erhalte.

Einige Minuten später kam die Geburt wieder in Gang und mit einigen Wehenstößen kam unser Mädchen zur Welt. Gabi erzählte mir später, dass die Ärzte so betroffen waren, dass sie anfangs gar nicht glauben konnten, dass die Geburt weitergehen sollte. In all dieser Aufregung hatte man ihr nicht einmal sagen können, ob sie einen Buben oder ein Mädchen zur Welt gebracht hatte.

Birgit kam gleich in den Brutkasten und hat sich prächtig entwickelt. Man kann nun sicher alle möglichen Gründe für das gute Ende dieses Ereignisses nennen. Ich weiß aber – und auch die Ärzte waren dieser Meinung –, dass die Situation für Mutter und Kind hoffnungslos ausgeschaut hat und die Umstände sich nach meinem Beten zum Guten änderten. Genauso, wie es in der Bibel steht: dass »*denen, die Gott lieben, alle Dinge zum Guten mitwirken*«.[5]

1986 gründete ich mit meinem Bruder die »Gesellschaft für zielorientierte Unternehmensführung«, um

---

5   Brief an die Römer 8, Vers 28

unser Bestreben zu realisieren, die persönliche Organisation von Führungskräften in Betrieben zu verbessern. Gleich danach wurde ein von uns entwickeltes Zeitplansystem auf den Markt gebracht. Eine Zeit der großen Herausforderungen brach an, wie jede Existenz- und Unternehmensgründung es mit sich bringt.

**Ein Drahtseilakt**

Es galt, auf dem Markt im starken Wettbewerb Fuß zu fassen, zu bestehen und Marktanteile zu gewinnen, Mitarbeiter heranzubilden, eine Firmeninfrastruktur zu schaffen, Produkte zu entwickeln, Qualitätsstandards zu schaffen, Lieferanten zu finden, Kundenbeziehungen aufzubauen usw. usw.

Aber es sollte auch Zeit für die Vertiefung der Beziehung zu meiner Frau und die Förderung meiner Kinder da sein. Der unternehmerische Erfolg durfte schließlich nicht zu Lasten der Familie gehen, in die 1989 noch unser zweiter Sohn Ortwin hineingeboren wurde.

Daneben entstand ein Verantwortungsbereich durch die Mitarbeit in einer Gemeinschaft von Christen. Und einige Hobbys hätte ich auch noch gerne gepflegt. Alles das sollte ausgewogen und ausbalanciert ablaufen können – ein ziemlicher Drahtseilakt.

Auch heute noch stehe ich jeden Tag auf diesem Seil. Dass in all den Jahren keiner meiner Verantwortungsbereiche abgestürzt ist, verdanke ich meinem Herrn Jesus. Die tägliche Gemeinschaft mit ihm

ist mir wichtig. Wann immer Schwierigkeiten auf-
traten – und das war wahrlich nicht selten –, konnte
ich mich auf ihn verlassen. Er zeigte immer noch aus
jeder Sackgasse einen Ausweg, für jedes Problem eine
Lösung, für jede Belastungsprobe gab er ausreichend
Kraft – nicht immer so schnell, wie ich wollte, auch
nicht immer in der Art, die ich mir vorgestellt hatte, er
gab auch nicht den finanziellen Überfluss, den ich früher insgeheim erhoffte – aber, rückblickend betrachtet,
hat ER alles wohlgemacht.

Die Bibel ist mir ein unschätzbar kostbares Buch
geworden, das ich fast täglich lese – mit großem Ge-
winn! Manche Menschen verstehen nicht, woher
ich die Zeit nehme, jeden Morgen darin zu lesen. Sie
haben aber kein Problem damit, täglich eine ganze
Stunde Zeit für ihre Zeitung oder fürs Fernsehen zu
finden.

Ich bin dankbar, in der Bibel und in meiner Beziehung zu Jesus Christus die Antworten auf alle
wesentlichen Fragen meiner Verantwortungsbereiche
und meines Lebens gefunden zu haben. Ob es um ge-
schäftliche Dinge geht, ob Mitarbeiterführung davon
betroffen ist, ob es die Erziehungsrichtlinien für unsere
vier Kinder sind, die rechte Beziehung zu meiner Frau
betrifft, ob es der generelle Umgang mit Menschen ist,
ob es um den Sinn des Lebens oder die ewigen Dinge
geht – ich brauche keine Hunderte Meter Weisheits-
literatur mehr zu durchforschen. Die Antworten sind
in meiner Bibel zu finden – niedergeschrieben von
Menschen, die mein Schöpfer benutzte, um mir und

jedem, der es wissen will, seinen Willen, seinen Plan und seine Absichten mit uns zu vermitteln.

Durch die vielen Fragen und Gespräche in unseren Seminaren zum Thema Zeitgestaltung, Arbeitstechnik und Lebensführung erfahre ich immer wieder, wie befreiend es für jeden ist, bei seiner Suche nach dem Sinn des Lebens zur Ruhe gekommen zu sein.

Gemeinsam mit meiner Frau erlebe ich die positive Veränderung und Vertiefung unserer Beziehung zueinander und wir sind dankbar, dass wir den Weg mit unserem Herrn seit 1985 gemeinsam gehen können. Probleme und Fragen der Gestaltung unserer Beziehung und in der Erziehung unserer vier Kinder dürfen wir gemeinsam vor ihn bringen und um Antwort, Weisheit und Hilfe beten.

In all diesen Jahren habe ich lernen dürfen, dass man als Unternehmer an der Seite des Herrn Jesus bei allem Kampf mit dem Mitbewerb, dem Finanzamt, den unvorhergesehenen Marktentwicklungen usw. ein Unternehmen ehrlich führen kann, wenn auch so manche Klippe zu überwinden ist.

Rückblickend darf ich sagen, dass nur durch die verändernde Kraft Gottes aus einem Träumer und Fantasten ein Mensch geworden ist, der mit beiden Beinen auf dem Boden steht. Die Verkündigung meiner »positiven Selbstverwirklichungstheorien« konnte ich zugunsten einer fundierten Beratungstätigkeit aufgeben, die nun auf dem Boden nachprüfbarer Erkenntnisse und überzeugender Ergebnisse steht und vielfach wirksam ist.

Es hat sich herausgestellt, dass der in meinen vormals »klugen« Büchern zitierte Glaube, der Berge versetzen kann, tatsächlich funktioniert – vorausgesetzt, es ist der Glaube, den die Bibel meint – der Glaube an den Herrn Jesus! Ich brauche mit keinen wie auch immer gearteten Übungen versuchen, etwas zu bewirken. Zuversichtlich kann ich mich auf das verlassen, was Jesus Christus getan hat.

Viel Freude macht es mir, anderen Menschen von diesem treuen, liebevollen und geduldigen Herrn zu erzählen – ob im Gespräch mit Geschäftspartnern, im gemütlichen Beisammensein nach einem Seminar oder (immer noch) auf einem gemieteten Segelboot.

Übrigens, die Sache mit meinem Segeltörn ging so aus: Nach einem weiteren halben Tag im Sturm gelang es uns, einen Hafen zu erreichen. Man kann sich vorstellen, was es für uns bedeutete, wieder festen Boden unter den Füßen zu haben. Werner, einer meiner Kameraden, warf sich sogar nieder und küsste den Asphalt des Steges, an dem wir festgemacht hatten.

Festen Grund habe ich auch lange für mein Leben gesucht und letztendlich gefunden – wofür ich sehr, sehr dankbar bin.

Mag. Eckhard Schitter
Untersbergstraße 5
A-5110 Oberndorf
eckhard.schitter@megatimer.com

**Annemarie
Kendlbacher**

# Wirklicher
# Reichtum

Wer nicht ortskundig ist und die Salzach entlangfährt, vermutet wohl kaum, dass sich hinter St. Johann ein Hochtal versteckt, das von fast fünftausend Menschen bewohnt wird. Der Bach grub eine tiefe Schlucht und die alte Straße nach Großarl war nur etwas für Autofahrer mit guten Nerven.

Allerdings gibt es noch einen anderen Weg in unser Tal. Von Süden führen Saumpfade über die Tauern, auf denen früher Handel getrieben wurde. Die Samer trugen nicht nur italienischen Wein, sondern auch Bibeln von Martin Luther über die Berge. Wie auch in anderen Orten entstand eine große Gemeinde von Geheimprotestanten. Im Winter 1732/33 spitzte sich die Sache zu und über 500 Bauern aus Großarl mussten, wie Tausende andere Salzburger, ihre Höfe verlassen und emigrieren. Fünfzig Güter standen danach leer.

Heute führt eine neue Straße zu uns herauf. Die Engstellen entschärfte man mit einem Tunnel und

einer großen Brücke. Und Bibeln finden heute auch
wieder ihren Weg in unser Tal. Sie müssen nicht mehr
heimlich über die Berge getragen werden, es ist auch
nicht mehr verboten, darin zu lesen, man kann sie
sogar beim Pfarrer kaufen.

## Sprünge in einer heilen Welt

Der 17.7.1979 war ein verregneter Sommertag. Ich war
22 Jahre alt, seit einem Jahr verheiratet und im sieben-
ten Monat schwanger. Vorläufig wohnte ich mit meinem Mann bei den Schwiegereltern. Dort, wo neben
dem Haus meiner Eltern unser eigenes Haus entstehen
sollte, war gerade eine Baugrube ausgehoben worden.
Nach diesem Tag war in meinem Leben nichts mehr so
wie vorher. Meine Mutter starb im Alter von 56 Jahren
unerwartet. Wie schlecht es ihr in letzter Zeit gegangen
war, hatte sie uns verschwiegen, und die Operation, die
sie hätte retten sollen, überlebte sie nicht. Es war, als
würde mir jemand den Boden unter den Füßen weg-
ziehen, als fiele ich in ein dunkles Loch.

Meine kleine Welt war stets in geordneten Bahnen verlaufen. Meine Eltern haben mich und meine fünf Brüder in bescheidenen Verhältnissen, aber
mit viel Liebe großgezogen. Sie wollten immer das
Beste für uns Kinder, besonders meine Mutter versuchte uns ihre Überzeugungen als Katholikin zu vermitteln. Mein Vater kam nur an den Wochenenden
nach Hause. Er war in Oberösterreich tätig und so war
ich sehr verbunden mit meiner Mutter, mit der wir
Kinder die ganze Woche allein waren. Mutter hatte

zwar kaum Zeit, um mit uns zu spielen, aber sie war immer da, wenn wir etwas zu erzählen oder zu fragen hatten.

Mein Vater war gerade drei Monate in Pension, als meine Mutter starb. Vier von meinen Brüdern lebten zu dieser Zeit noch im elterlichen Haus und standen nun ohne jemanden da, der ihnen den Haushalt führte. So sah ich meine Verantwortung als einzige Frau in der Familie darin, für alle zu sorgen. Kurz entschlossen zogen wir von meinen Schwiegereltern zu meinem Vater und meinen Brüdern.

Von einem Tag auf den anderen fand ich mich in einer Familie mit sechs Männern wieder. Mir fehlte anfangs für so eine Aufgabe natürlich die Routine, die meine Mutter gehabt hatte. Sweater oder T-Shirts waren damals noch nicht üblich, so lagen beim Bügeln in meinem Wäschekorb jede Woche an die 20 Hemden.

Beim Kochen fehlte mir das richtige Augenmaß. Einmal war zu wenig da und wir mussten unseren Hunger mit Broten stillen, dann wieder gab es drei Tage lang das Gleiche, weil ich zu viel gekocht hatte. Samstags kamen Freunde und Verwandte, um am Bau zu helfen, auch sie mussten verköstigt werden. Bald kam unser erster Sohn Alexander zur Welt. Mit all der Hausarbeit fühlte ich mich oft überfordert und alleingelassen. Ich hatte ganz andere Pläne gehabt. Mit meiner Mutter hatte ich besprochen, dass sie auf mein Kind schauen würde, damit ich wieder arbeiten gehen konnte. Ich war in einer Firma als Mitarbeiterin für die damals neue EDV-Anlage zuständig gewesen und hatte dabei sehr gut verdient.

Nach dem Tod meiner Mutter hörte ich auf, jeden Abend zu beten. Ich glaubte zwar weiterhin, dass es einen Gott gibt, war aber überzeugt, dass er es mit mir nicht mehr gut meinen konnte, da er mich sonst nicht in eine solch schwierige Situation gestellt hätte.

Die nächsten Jahre waren angefüllt mit viel Arbeit. Im Juni 1982 bekam unsere Familie noch einmal Zuwachs durch unseren zweiten Sohn Christoph. Nach wie vor kümmerte ich mich um den Haushalt meines Vaters und meiner vier Brüder.

Mit der Zeit wurde es ruhiger um mich. Unsere Kinder waren in Kindergarten und Schule. Meine Brüder haben geheiratet und mein Vater wohnte bei meinem jüngsten Bruder. Mithilfe meiner Familie und der Schwiegereltern und wohl auch dank unserer robusten Gesundheit war es möglich, unser Haus innerhalb einiger Jahre so weit fertigzustellen, dass wir einziehen konnten. Wir haben erreicht, was wir für unser Lebensziel gehalten haben. Wir hatten unsere Familie und wohnten nun in unserem eigenen Haus. Rein äußerlich betrachtet, hätten wir allen Grund gehabt, rundum glücklich zu sein.

Meine Beziehung zu meinem Mann war allerdings eher mittelmäßig. Hermann war beruflich und auch als Musiker und Bergrettungsmann sehr viel unterwegs, sodass ich viele Abende und Wochenenden mit den Kindern allein war. Ich war unzufrieden mit der Rolle, die mir zufiel, fühlte mich eingeengt und war

oft ein wenig eifersüchtig auf meinen Mann, weil er
so viel unternehmen konnte und ich nicht. Für mich
war klar, wenn die Kinder größer sind, dann würde ich
einiges nachzuholen haben. Ich nahm mir vor, wieder zu arbeiten oder etwas zu beginnen, das mir wirklich Spaß macht. Mein Mann nahm sich die Freiheit,
seine Interessen zu verfolgen, und ich wollte mir diese
Freiheit auch nehmen. Unmerklich begannen wir uns
auseinanderzuleben. Wir verbrachten wenig Zeit miteinander und wirkliche Gespräche waren eine Selten-
heit.

### Hauptsache gesund

Unsere finanzielle Situation war nicht schlecht. Wir
waren in einem Rhythmus von Arbeiten, Sparen und
Investieren. Einmal leisteten wir uns eine gemütliche
Wohnzimmereinrichtung, dann ein neues Auto. Wenn
wieder etwas angeschafft war, kam bei mir eine gewisse
Unzufriedenheit und Undankbarkeit auf.

Gemeinsam mit meinem Mann kam ich schließlich zu der Erkenntnis, dass uns auch das gemütlichste
Haus auf die Dauer nichts bringt, wenn wir nicht
gesund bleiben. Hauptsache gesund – lautete von nun
an die Devise. Natürlich spielte da die Erinnerung an
meine Mutter eine Rolle, die so früh gestorben war.
So fingen wir an, uns mit Gesundheitsthemen aus-
einanderzusetzen. Statt mit Wiener Schnitzel und
Schweinsbraten füllte ich unsere Teller nun mit Hirselaibchen und Müsli. Und in der Freizeit betrieben wir
viel Sport.

In dieser Zeit fühlten wir uns so weit wohl, aber manche Bekannten schüttelten über unser übertriebenes Gesundheitsbewusstsein den Kopf.

Allerdings kam mir immer wieder der Gedanke, dass ich auf meine Gesundheit achten kann, wie ich will, wenn ich einen Unfall habe oder trotz allen Vorkehrungen ernsthaft krank werde, wäre der ganze Aufwand trotzdem umsonst gewesen. Ich sah ein, dass es keinen Ausweg gibt. Irgendwann werde ich doch mit dem Tod konfrontiert werden – und was dann? Eine gewisse Beruhigung war für mich der Gedanke an die Kindertaufe. Mutter erzählte mir oft davon, dass sie dafür gesorgt hatte, dass ich im Krankenhaus gleich nach der Geburt getauft worden bin. Sie wollte sichergehen, dass ich im Fall eines plötzlichen Todes nicht mit der Erbsünde belastet sterben müsse, sondern als ein Kind Gottes.

Wir wollten uns weiterbilden und besuchten dazu verschiedene Gesundheitsseminare. Weil wir unsere Kinder nicht alleine lassen konnten, fuhren wir abwechselnd, jeweils mit Freunden dorthin. Der Leiter dieser Seminare war Prof. Baldur Preiml (ehemaliger Trainer der österreichischen Schisprung-Nationalmannschaft). Es überraschte uns, dass er in seinen Vorträgen immer wieder Bibelverse erwähnte. Hermann wollte daraufhin prüfen, ob solche Aussagen wirklich in der Bibel stehen. Kaum war er wieder daheim in Großarl, kaufte er sich eine Bibel beim Pfarrer. Der riet ihm, die Bibel auch zu lesen und nicht in die Ecke zu stellen. Wir nahmen diesen Rat ernst und begannen die Bibel regelmäßig zu lesen. Auch in die Kirche gingen wir oft.

### Begegnung mit dem lebendigen Wort

Mit der Zeit fiel uns auf, dass nirgends in der Bibel von der Kindertaufe geschrieben steht, wohl aber, dass Jesus die Kinder segnete und liebte. Diese Entdeckung hat uns sehr befremdet, weil für uns die Kindertaufe, die wir beide empfangen hatten, bisher die Grundlage des ewigen Heils darstellte.

Wie in vielen Orten wurden auch in unserer Pfarre Hauslehren abgehalten. Das sind Zusammenkünfte der Bevölkerung mit dem Pfarrer, die einmal im Jahr in den verschiedenen Ortsteilen in Privathäusern abgehalten werden. Einmal wurde über die Taufe gesprochen. Es ging um alles, was mit einer solchen Taufe zu tun hat. Der letzte Satz des Pfarrers an diesem Abend beunruhigte uns zutiefst. Die Taufe allein, sagte er, genüge nicht, um Sicherheit über das ewige Heil zu erlangen. Es war für uns die Bestätigung für eine Befürchtung, die schon beim Bibellesen aufgetaucht war: Der Empfang der Kindertaufe gibt uns keinen Garantieschein, dass wir vor Gott bestehen können. Als Konsequenz blieb uns als Katholiken nur eines: Wir mussten uns bemühen, gute Menschen zu sein und gute Werke zu tun, um uns den Himmel und das ewige Leben zu verdienen. Der Gesundheitstrip hatte seinen Reiz verloren. Wir begannen religiöse Veranstaltungen zu besuchen und lasen weiterhin fleißig in der Bibel.

Damals kursierten in unserem Ort wilde Gerüchte
über Leute, die in eine Sekte geraten sein sollen. Man
erzählte sich unter anderem, dass den »Mitgliedern«
von ihren Glaubensgenossen zwar fleißig beim Haus-
bau geholfen würde, das Haus danach aber nicht ihr
Eigentum sei, sondern Besitz der Gemeinschaft.

Unter den Betroffenen war auch die Familie Friedl
und Barbara Erlmoser. Da wir sie schon einige Jahre
kannten, konnten wir nicht so richtig glauben, was
über sie geredet wurde, und so besuchte ich Barbara
mit einer gewissen Neugierde. Dabei stellte sich heraus, dass die Gerüchte über sie und ihre Glaubensgenossen falsch waren. Im Gespräch mit ihnen erfuhr
ich, dass auch sie in der Bibel lasen. Ich stellte fest, dass
Barbara von diesem Gott der Bibel ziemlich begeistert war. Außerdem ging von ihr eine Ruhe aus, die
ihr vorher gefehlt hatte. Ihre einzige Glaubensgrund-
lage war die Bibel und sie bezeichnete sich als Chris-
tin. Ich merkte eine positive Veränderung, sie schien
etwas zu haben, was mir fehlte. Nach diesem Besuch
bei Barbara begann ich damit, abends mit meinen Kindern zu beten.

Es war naheliegend, dass wir von nun an gemeinsam mit der Familie Erlmoser in der Bibel lasen. Zwischen den Seiten dieses Buches begegnete uns eine
wunderbare Person. Dem Namen nach kannte ich
Jesus Christus schon seit meiner Kindheit. Jetzt begegnete ich ihm beim Lesen der Bibel – er war der Sohn
Gottes, er war das Wort Gottes. Ich wusste von Weihnachten, dass Jesus als Erretter geboren ist, und von

Ostern, dass er für unsere Schuld und Vergehungen mit seinem Tod am Kreuz bezahlt hat und am dritten Tag auferstanden ist. Was ich bis dahin noch nicht wusste, ist, dass ich persönlich gemeint bin, wenn er sagt: *Ich gebe ihnen ewiges Leben, und sie gehen nicht verloren in Ewigkeit, und niemand wird sie aus meiner Hand rauben.*[6]

## Ewiges Heil

Ich hatte nun erkannt, dass der Schlüssel zum ewigen Heil weder in der Kindertaufe noch in guten Werken liegt, sondern allein in Jesus Christus. Er ist der Sohn Gottes, der Mensch wurde, der auf dieser Erde lebte. Sein Leben war von Anfang bis zum Ende von Selbstlosigkeit, Erniedrigung und Dienen geprägt, bis hin zu seinem grauenvollen Tod am Kreuz, und ich erkannte, dass er dies alles tat, um Menschen wie mich zu erretten. Nicht meine guten Werke noch Sakramente, noch Gottesdienstbesuche bringen mich zu Gott, sondern ausschließlich Jesus, der sagt: *Ich bin der Weg, die Wahrheit und das Leben. Niemand kommt zum Vater als nur durch mich.*[7]

Weiter las ich: *Wer an Jesus glaubt, wird nicht gerichtet. Wer aber nicht glaubt, ist schon gerichtet, weil er nicht geglaubt hat an den Namen des eingeborenen Sohnes Gottes*[8], sowie: *Wer an den Sohn glaubt, hat ewiges Leben, wer aber dem Sohn nicht gehorcht, wird das*

---

6    Johannes 10, Vers 28
7    Johannes 14, Vers 6
8    Johannes 3, Vers 18

*Leben nicht sehen, sondern der Zorn Gottes bleibt auf ihm.*[9] Für mich war jetzt klar, dass es eine ernste Sache ist, ob man an Jesus glaubt oder nicht.

Ich habe viel nachgedacht und habe erkannt: So, wie ich bin, kann ich vor Gott nicht bestehen, da hilft mir keine Taufe und auch kein Bemühen um ein anständiges Leben. Ich brauche einen Erlöser. So habe ich Jesus in einem schlichten Gebet um Vergebung meiner Schuld gebeten, mit dem aufrichtigen Wunsch, mein Leben mit ihm zu leben und ihm zu gehorchen.

## Veränderungen

Ein unbeteiligter Zuschauer hätte nach dieser Entscheidung in meinem Leben keine großartigen Veränderungen bemerkt. Außer, dass sich mein übertriebenes Gesundheitsbewusstsein etwas mäßigte und bei uns jetzt Schnitzel und Hirselaibchen, Weiß- und Vollkornbrot abwechselnd auf den Tisch kamen. Für mich selber veränderte sich allerdings viel. Seitdem ich Jesus als Mittler zu Gott in Anspruch genommen habe, spüre ich eine Freude im Herzen, die ich vorher nicht gekannt habe. Die Freude kommt daher, dass ich sicher sein kann: Ich bin mit Gott im Reinen, es kann mich nichts mehr von ihm trennen.

Das Schöne ist, dass auch Hermann sich für ein Leben mit Jesus entschieden hat. Jetzt haben wir nicht nur die Gewissheit, dass wir ewiges Heil gefunden haben, sondern wir erleben auch, wie Gott uns in allen

---

9   Johannes 3, Vers 36

Bereichen unseres Lebens helfen will und für uns sorgen möchte, wenn wir ihn nur lassen und ihn um seine Hilfe bitten. Wir erlebten diese Hilfe sehr real. Zum Beispiel rief jemand an, als wir einen finanziellen Engpass hatten. Er wollte unsere Fremdenzimmer ein paar Wochen lang für Bauarbeiter mieten. Wir konnten so genau den fehlenden Betrag verdienen.

Wir entdeckten ganz neu, was Beten heißt. Früher hatten wir darunter eher das Hersagen von auswendig gelernten Gebeten verstanden. In der Bibel sahen wir, dass wir beim Beten mit Gott reden dürfen, wie Kinder mit ihrem Vater. Dass wir als Familie gemeinsam beten können und dass Gott ganz konkret Antwort gibt, erlebten wir unter anderem, als wir eine Entscheidung über die Schulwahl unseres Jüngsten treffen mussten.

Nach einiger Zeit begannen wir, die Versammlungen der christlichen Gemeinde in St. Johann/Pongau zu besuchen. Dort treffen sich Menschen, um das zu tun, was schon die ersten Christen bei ihren Zusammenkünften getan haben, von denen die Apostelgeschichte erzählt: Sie beten Gott an, sie brechen das Brot, sie hören das Wort Gottes und pflegen Gemeinschaft mit Gleichgesinnten.

Es ist nicht so, dass wir als Christen keine Probleme mehr haben, aber wir wissen, dass es für Gott kein Problem gibt, das nicht zu lösen ist. Für uns war es so schön zu erkennen, was die Bibel über die Ehe zu sagen hat, und unser Alltag hat gezeigt, dass wir am besten fahren, wenn wir Gottes Ratschläge und Gedanken über Ehe und Familie nicht nur gemeinsam lesen, sondern auch anwenden. Gott hat Mann und Frau füreinander geschaffen. Es sind ihnen verschiedene Rollen zugeteilt und sie ergänzen sich vollkommen. Sie sind zwar nicht gleichartig, aber absolut gleichwertig. Wenn wir diese Rolle bejahen, die wir von Gott haben, führt das zu einer glücklichen Ehe, zu einer tiefen Liebe, die wir vorher nicht gekannt haben. Wir waren zwar zu Beginn sehr verliebt gewesen, leider änderte sich das mit der Zeit aber. Jetzt wurde unsere Ehe durch unsere Beziehung zu Gott ganz neu.

Mit den Aufgaben, die mir als Ehefrau zufallen, habe ich heute keine Probleme mehr. Gott hat mir meinen Mann zur Seite gestellt, damit wir uns gegenseitig helfen und nicht rivalisieren. Mein Mann hat andere Aufgaben und Begabungen, sie ergänzen sich wunderbar mit meinen Gaben.

Unsere Überzeugung ist, dass eine harmonische, liebevolle Ehe die wichtigste Grundlage für eine gesunde Entwicklung der Kinder ist. Die Erziehung unserer Kinder ist beinahe abgeschlossen. Unsere Kinder machen uns viel Freude. Auch als es Probleme mit dem Schulerfolg gab, hat das unser gutes Einvernehmen nicht erschüttert. Wir können die Zeit, die wir gemeinsam verbringen, richtig genießen. Der Gesprächsstoff geht uns dabei nie aus. Als die Kinder kleiner waren, haben wir im Sommer manchmal eine Woche auf einer abgelegenen Alm verbracht. Das gefiel uns allen so gut, dass wir noch immer davon reden, das wieder einmal zu tun.

Wir freuen uns besonders, dass auch unsere Söhne sich für ein Leben mit Gott entschieden haben. Auch sie erkannten, dass es das Beste für sie ist, in Gemeinschaft mit dem lebendigen Gott zu leben. Das bewahrt sie vor vielen negativen Einflüssen, denen junge Leute heute ausgesetzt sind. Ihre Freizeit verbringen sie nicht in Discos, sondern mit gleich gesinnten Freunden. Es gibt noch junge Leute, die weder Alkohol noch Drogen brauchen, um Spaß miteinander zu haben.

Wir sind froh, dass unsere Burschen verstehen, dass Alkohol und Drogen ihre Lebensqualität beeinträchtigen und zerstören würden und dass es nicht »cool« ist, sich jedes Wochenende volllaufen zu lassen. Eine Auswirkung ihres Lebens mit Gott ist, dass wir merken, dass sie uns als Eltern achten und es wirklich eine Freude ist, dies im Alltag zu erleben.

In unserer Familie wurde es zum Grundsatz, dass wir das, was wir tun oder nicht tun, nicht Menschen zuliebe machen. Wenn Entscheidungen anstehen, fragen wir uns: »Gefällt es Gott, wie wir denken und handeln?« Natürlich führt dies manchmal zu Unverständnis bei Menschen, die ohne Gott leben. Es bedeutet aber auch Freiheit, wenn man nicht so sein muss, wie andere sich das vorstellen. Manchmal höre ich den Satz: »Früher habt ihr den einen Vogel gehabt mit der Ernährung, jetzt habt ihr wieder einen anderen«, aber das stört mich überhaupt nicht.

Für mich hat sich die Einstellung zur Rolle als Mutter und Hausfrau verändert. Ich bin dankbar, dass ich zu Hause sein kann und Zeit habe, für die Menschen zu sorgen, die mir die liebsten sind. Es ist uns besonders wichtig, regelmäßig allein als Ehepaar Zeit miteinander zu verbringen. So beginnen wir den Tag mit einem gemeinsamen Frühstück und am Sonntag kochen wir zusammen. Mein Mann hat seine Tätigkeit bei der Bergrettung eingeschränkt und bei der Musikkapelle spielt er nicht mehr. Dafür machen wir manchmal eine Schitour oder wir gehen wandern. Und auch eine Erholungswoche genießen wir jetzt lieber miteinander, statt einzeln zu einem Seminar zu fahren.

Es ist für mich zum Grundsatz geworden, dass Menschen vor Dingen kommen. Materielle Werte haben für mich ihre Wichtigkeit verloren, seit ich weiß, wie wertvoll Menschen bei Gott sind. Er liebt jeden und möchte, dass alle zu ihm kommen. Ich möchte meine Kraft und Zeit für Besseres einsetzen als für die Vermehrung unseres Wohlstands. Ich kann ja ohnehin nichts mitnehmen! Oft wundert es mich, wenn ich sehe, dass Menschen sich bis ins hohe Alter abmühen und ihren Reichtum vergrößern wollen, obwohl »das letzte Hemd keine Taschen« hat. So kann ich bezeugen, dass sich ein Leben mit Gott lohnt. Es lohnt sich nicht nur im Hinblick auf die Ewigkeit, sondern auch schon hier und jetzt. Es ist der größte Reichtum, wenn man sich mit dem einlässt, der sagt: *Wer aber von dem Wasser trinken wird, das ich ihm geben werde, den wird nicht dürsten in Ewigkeit, sondern das Wasser, das ich ihm geben werde, wird in ihm eine Quelle Wassers werden, das ins ewige Leben quillt.*[10]

Annemarie Kendlbacher

---

[10]  Johannes 4, Vers 14

**Esther Janzen**

# Was wirklich zählt

Gong! Die Zehnuhrpause ist zu Ende. Eigentlich habe ich keine Lust, meinen Sitzplatz einzunehmen. Pausen sind das Beste an der Schule. Wo ich bin, ist immer was los. Entweder gibt es gute Witze oder neue Schulstreiche werden erfunden. Fünf nach zehn. Super, der Lehrer ist noch nicht erschienen, da können wir ja unser Seil mit den Turnschuhen am Fenster hinunterlassen und die Schüler der unteren Klasse ablenken. Einige Male versuchen wir es. Gelächter der Schüler und lautes Gebrüll vom Lehrer unterhalb sind zu hören. Wir machen so lange weiter, bis der Lehrer wutentbrannt nach oben stürmt. Natürlich haben wir eine Wache aufgestellt und bevor der Lehrer die Klasse betritt, ist alles in bester Ordnung.

Ich bin beliebt, ja – einer der Stars der Klasse. Bei den Lehrern allerdings nicht, meine Leistungen lassen zu wünschen übrig. Außer bei den Schirennen schneide ich in diesem Jahr nirgends gut ab. Ich habe einfach keine Lust aufzupassen, geschweige denn zu lernen.

Meine Eltern haben ihre liebe Not mit mir. Zu Hause reagiere ich meine überschüssigen Kräfte in anderer Weise ab als in der Schule. Ich bin unmöglich, launisch und aggressiv.

Am meisten bekommt mein gutmütiger älterer Bruder ab. Meine zwei jüngeren Brüder haben es auch nicht leicht. Wenn man zu mir sagt: »Du bist schlimmer als drei Buben«, stachelt mich das nur an. Was ist los mit mir? Das fragen sich nicht nur meine Eltern, sondern auch die Lehrer. Warum spiele ich in der Schule die Lustige und zu Hause mag ich mich selber nicht?

Es ist Pfingsten. Mein Bruder und meine Kusine nehmen mich zu einer Jugendfreizeit auf ein Schloss mit. Irgendetwas ist hier anders. Die Leute sind freundlich und wirken zufrieden. Wir haben viel Spaß bei Sport. Am Abend gibt es Vorträge. Ich sitze im Rittersaal und denke: »Der da vorne redet nur für mich.« Er spricht über ein Haus, das in Trümmern liegt. Gut kann ich mich damit identifizieren, ich sehe die Ruine meines Lebens vor mir. Wenn sich nicht etwas ändert, geht dieses Schuljahr nicht gut aus.

### Bin ich wirklich Christ?

Oft habe ich schon von diesem Jesus gehört. Unsere Eltern lasen uns aus der Bibel vor und vor dem Schlafengehen wurde immer gebetet. Dass es Gott und seinen Sohn Jesus Christus gibt, ist für mich klar. Ich erkenne, dass Gott eine unendlich reine, heilige Persönlichkeit ist. Wie schmutzig bin ich im Gegensatz zu ihm! Ich weiß, in meinem momentanen Zustand kann ich niemals den Ansprüchen des vollkommenen Gottes genügen. Gott ist mit meiner Unzulänglichkeit, mit meiner Rebellion nicht unter einen Hut zu bringen.

Dann redet der Mann von Gottes Liebe, dass dieser Gott trotz allem an Menschen wie mir interessiert ist. Ich denke daran, wie unmöglich ich mich manchmal aufführe, und kann es kaum glauben, dass Gott wirklich etwas mit mir zu tun haben will. Er redet weiter über Jesus Christus, der freiwillig auf diese Erde kam, um für alles, worin wir danebenliegen, zu sterben, damit wir nicht ins Verderben laufen müssen.

Ja, jetzt verstehe ich! Es geht darum, dass ich eine echte Beziehung zu Gott bekomme. Gott streckt mir in Jesus Christus seine Hand entgegen. Bisher war ich zwar religiös, hatte aber keine persönliche Beziehung zu Gott. Ich will nicht länger von Gott getrennt sein! Was Jesus am Kreuz tat, gewinnt auch für mich Bedeutung. Ich will reagieren auf das, was ich jetzt verstehe. Tränen fließen über meine Wangen. Ich verlasse den Rittersaal, gehe einen Stock höher, knie nieder und rede mit Jesus so, wie es in meinem Herzen ist. Ich sehe deutlich, was in meinem Leben nicht in Ordnung war. Ich bitte ihn um Vergebung, bitte ihn, dass er in mein Leben kommen und die Führung meines Lebens übernehmen soll. Die Tragweite dieser Entscheidung kann ich noch nicht abschätzen.

Meine jüngeren Brüder kommen von einem Jungscharwochenende nach Hause und berichten darüber

freudig. Beide haben sich entschlossen, Jesus nachzufolgen. Ich selbst bleibe still. Ein Jahr lang verheim-
liche ich meine Entscheidung. Ich bin ein Christ, aber
keiner weiß es. Meine Eltern hätten sich sehr gefreut.
Aber ich schweige. Das Schuljahr schließe ich gut ab.
Irgendetwas ist anders.

Ein Jahr später sitze ich wieder bei einem Vor-
trag. Dieser Mann da vorne spricht ganz deutlich über
Sünde, die Trennung von Gott und wie man diese
Trennung überwinden kann. Ich sitze in meinem Ses-
sel und denke nach: »Bin ich ein Christ, oder bin ich
keiner?« Mein Leben schaut nicht ganz danach aus.
Noch einmal treffe ich eine grundsätzliche Entscheidung für Jesus und bitte ihn, mich zu erretten und
meine Sünden zu vergeben.

Der Vers: *Wer Jesus hat, der hat das Leben ... Dies
habe ich euch geschrieben, damit ihr wisst, dass ihr ewiges Leben habt,*[11] hilft mir. Ja, ich habe Jesus schon vor
einem Jahr das Steuer überlassen. Jetzt darf ich sicher
sein, dass nichts mehr zwischen Gott und mir steht.

### Freundschaften
Ein Jahr später lerne ich ein Mädchen kennen – Karen.
Sie wird sehr wichtig für mein Leben. Meist verbringt
sie ein Wochenende im Monat bei uns zu Hause. Sie ist
ein Jahr jünger, aber in manchem reifer als ich.

Samstagvormittag ist eine besondere Zeit für uns.
Wir nennen es »stille Zeit«, lesen ein Stück in der Bibel

---

11  1. Brief des Johannes 5, Verse 12-13

und besprechen, welche Bedeutung dieser Abschnitt für uns haben könnte. Anfangs kann ich nicht viel anfangen mit diesem Buch. Doch Karen schafft es immer wieder, den Text in einen praktischen Zusammenhang mit unserem Leben zu stellen. Mit der Zeit verstehe ich, dass die Bibel ein Buch ist, das mir die Gedanken Gottes zeigt. Ich arbeite daran, das, was ich verstehe, auch zu tun. Die Jugend ist eine besondere Zeit. Da werden entscheidende Weichen gestellt. Ich kann viel gewinnen, ich kann viel verlieren.

Wie wichtig ist Karens Freundschaft für mich! Gerade in diesem Lebensabschnitt sucht man nach Angenommensein und Anerkennung. Ihre Freundschaft hilft mir, auch in Bezug auf das andere Geschlecht einen konsequenten Weg zu gehen. Karen und ich erkennen, dass die Maßstäbe der Heiligen Schrift wertvoll und gut sind. So wollen wir leben!

Also ist es für mich klar, wie meine Reaktion ausfallen muss, als ein junger Mann auf mich zukommt und mir zu verstehen gibt, dass er mit meiner besten Schulfreundin nur deshalb befreundet ist, um mit mir zusammen zu sein. Ich frage ihn, ob er wohl verrückt sei. Ich weiß, dass ich für eine Beziehung, die eine Ehe zum Ziel hat, zu jung bin. Spielereien will ich nicht, dafür sind mir diese Dinge viel zu wertvoll.

Das wissen auch die Jungs meiner Klasse. Sie respektieren meine Anschauung. Ich werde zur Klassensprecherin in der ganzen Oberstufenzeit. Sie wissen, mit mir kann man echt Freund sein. Ich spiele nicht leichtfertig mit Gefühlen, weder mit denen anderer

noch mit meinen eigenen. Meine Schulerfolge werden
besser, sodass ich beim Abschluss unter den Besseren
bin.

Eines Nachmittags sitzen Karen und ich am Wolf-
gangsee. Wir haben so unsere Träume. Karen erzählt,
sie habe einen Artikel über eine Schülerrunde gelesen. Die jungen Leute treffen sich vor dem Unterricht,
lesen aus der Bibel und beten. Vielleicht gibt es auch in
unseren Schulen Christen, die so wie wir Jesus nach-
folgen? Wir fragen Gott um seine Meinung zu unserer
Idee.

Es dauert kein Jahr und in meiner Schule treffen
sich vier Christen. Einer liest etwas aus der Bibel vor
und dann beten wir für unsere Mitschüler, unsere Lehrer und viele andere Anliegen. Unser Religionslehrer
sagt: »Ihr mit eurem Jesus-Fimmel.« Unsere Runde
wächst in den nächsten Jahren auf bis zu 60 Leute an.

Ich besuche auch eine Jugendgruppe, in der wir viel
gemeinsam unternehmen. Je nach Jahreszeit gehen wir
Bergsteigen, Schifahren oder Schwimmen, wir spielen
Basket- und Volleyball. Öfter verbringen wir gemeinsam ein Wochenende auf der Alm. Wir lesen auch in
der Bibel und reden darüber.

Einige Monate vor meinem Schulabschluss denke ich nach, was ich wohl werden soll. Interesse für
Medizin, Arbeit mit Menschen und mein Bewe-
gungsdrang führen mich in Richtung Physiotherapie.
Ich bete: »Gott, wenn du willst, dass ich das tun soll,
kannst du mir einen Ausbildungsplatz schenken.« Drei
Akademien sagen ab. Frustriert fahre ich zur vierten

Aufnahmeprüfung. Ich werde genommen. Am nächsten Tag finde ich eine Wohnung. Gott hat alles vorbereitet. Nun geht es im Herbst für drei Jahre nach Wien.

Das erste Mal von zu Hause weg – das bringt neue Erfahrungen mit sich. Das Kleinstadtmädchen hat Heimweh. Ich gehe auch in eine Jugendgruppe und am Sonntag in eine christliche Gemeinde. Dort verliebe ich mich das erste Mal so richtig. Ich behalte meine Bewunderung für mich. Er – groß, schlank, sportlich – spielt gut Gitarre und schließt gerade sein Medizinstudium ab. In meinen Augen scheint er optimal.

Er kommt auf mich zu. Wir freunden uns an. Nach zwei Monaten bemerke ich, dass er nicht wirklich ernst nimmt, was in der Bibel steht. Ich muss also wählen: entweder Jesus und Gottes Wort, oder er. Die Entscheidung kostet etwas. Aber ich will nichts haben, das Jesus vom ersten Platz in meinem Leben verdrängt. Am Wochenende fahre ich öfter nach Bad Ischl. Lange Spaziergänge mit meinem Bruder Michael trösten mich über meinen Liebeskummer hinweg. Wir werden die besten Freunde. Er sagt: »Esther, wenn ich einmal heirate, möchte ich eine Frau wie dich.«

### ... wird nicht sterben in Ewigkeit

Es ist der 23. Februar, Faschingsdienstag. Wir haben praktischen Unterricht. Fasching! Wir wollen wenigstens etwas von der Stimmung mitbekommen. Ich gehe mit einer Kollegin Krapfen holen. Am Rückweg laufe ich über die Straße. Oh, das war knapp, die Straßenbahn hat mich fast erwischt. Der Schreck sitzt mir in den Gliedern. So schnell kann es gehen und das Leben ist vorbei.

Um 23 Uhr komme ich von einer Besprechung für Kinderarbeit nach Hause. Meine Vermieterin bittet mich einen Stock tiefer. Sie muss mir etwas mitteilen; die Eltern haben angerufen. Was ist passiert? Beunruhigt gehe ich die Stiege hinunter. Sie bietet mir freundlich einen Platz an.

»Esther, es tut mir so leid, dein Bruder Michael ist verunglückt.«

Ich starre sie fassungslos an. »Lebt er?«

»Nein, er ist tot!«

Gedanken schießen mir durch den Kopf. »Das ist nicht wahr! Sag bitte, es ist nicht wahr!«

Ich rufe meine Eltern an. Michael ist bei einer Schitour vor den Augen meines Vaters und meines jüngeren Bruders Andi von einem Schneebrett in die Tiefe gerissen worden. Er war sofort tot. Andi blieb an einem Baum hängen, auch ihn hätte es erwischen können.

Meine Vermieterin umarmt mich. Ich laufe die Stiegen hinunter, ich muss raus. Ich laufe um den Häuserblock, wie oft, weiß ich nicht. Ich schreie: »Gott, es ist nicht wahr! Es darf nicht wahr sein. Warum hast du das zugelassen? Warum gerade er? Er ist dir so treu nachgefolgt. Er ist ein Vorbild für uns und für viele andere. Nein, Jesus, es ist nicht wahr! Warum gerade er? Er war ja mein bester Freund.« Erschöpft steige ich die Stufen in mein Zimmer hinauf. Ich falle ins Bett. Wann ich einschlafe, weiß ich nicht.

Am nächsten Tag bin ich wie im Schockzustand. Ich packe, Freunde begleiten mich zum Zug. Ich fahre nach Hause. Ich habe Angst, meinen Eltern zu begegnen. Mein Vater holt mich vom Bahnhof ab. Wir fallen uns in die Arme und weinen. Es tut so weh!

Als ich die Küchentür öffne, sitzt Gerhard – ein guter Freund Michaels – beim Ofen. Er strahlt mich an und sagt: »Was bist du so traurig? Er ist zu Hause! Es geht ihm gut! Er ist jetzt schon dort, wo wir alle so gerne hinmöchten.« Ich glaube, ich höre nicht richtig, ich bin innerlich zornig. Wie kann er in so einem Moment so etwas sagen? Aber seine Aussage beschäftigt mich später noch lange. Ich falle meiner Mutter in die Arme. Wie muss es ihr wohl gehen?

Einen Tag später kommt Karen. Wie so oft hat sie mir ein paar Zeilen geschrieben. *Denen, die Gott lieben, dienen alle Dinge zum Besten*[12], zitiert sie aus der Bibel. Was? Das soll zu meinem Besten dienen? Er war doch mein bester Freund! Ich vermisse ihn schrecklich! Ich rebelliere! Dann komme ich zu einem Schluss. Entweder ist Gottes Wort wahr oder nicht. Wenn es wahr ist, muss alles, was geschehen ist, zu meinem Besten sein, auch wenn ich es nicht verstehe.

Ich bete: »Gott, wenn es stimmt, dass das alles zu meinem Besten dient, nehme ich dich beim Wort.« Psalm 23 tröstet mich. *Auch wenn ich im Tal des Todesschattens wandere, fürchte ich kein Unheil, denn du bist*

---

12  Brief an die Römer 8, Vers 28

*bei mir, dein Stecken und Stab trösten mich.* Gott hat mich in meinem Kummer nicht verlassen.

Zwei Tage später wird Michael beerdigt. 50 Jugendliche singen: »Herr, ich sehe deine Welt, das große Sternenzelt, die Wunder deiner Schöpfung.« Es war das letzte Lied, das er dem Jugendchor beigebracht hat. Menschenmengen sind hier. Er war ein vorbildlicher Schüler und Schulsprecher.

Ein junger Pastor predigt, auch seine Worte trösten uns. Er liest: *Jesus sprach zu ihr: Ich bin die Auferstehung und das Leben, wer an mich glaubt, wird leben, auch wenn er gestorben ist, und jeder der da lebt und an mich glaubt, wird nicht sterben in Ewigkeit. Glaubst du das?*[13] Ja, ich glaube es! Und Michael hat es auch geglaubt. Das ist mir der einzige Trost. Er ist bei Jesus und ich werde ihn wiedersehen.

Die Leute kondolieren. Wir als Familie sind unwahrscheinlich getragen. Unser Physikprofessor kommt: »Warum musste gerade Michael gehen? Er war doch so begabt.« Ich habe keine Antwort. Michael forderte ihn durch viele seiner Fragen heraus. Viele Leute sagen uns, dass Michael mit ihnen über Jesus gesprochen hat.

### Prioritäten

Das Leben geht weiter. Ein paar Tage später fahre ich nach Wien zurück. Ich werde meinen Bruder nie vergessen! In meinem Inneren ist eine große Wunde.

---

13   Johannes 11, Verse 25-26

Wenn Gottes Wort wahr ist, wird diese Wunde heilen,
auch wenn ich es jetzt nicht verstehe. Ich bekomme
großes Verlangen, in der Bibel zu lesen. Ich sauge Gottes Wort förmlich auf. Ich verstehe es mit einem Tiefgang, wie nie zuvor.

Wenn ich durch Wien laufe und die Menschen
beobachte, denke ich: »Die sind doch alle verrückt!
Morgen kann es aus sein! Wissen sie das nicht?« Kar-
riere, Schönheit, das rechte Outfit, die optimale Part-
nerwahl, ein nettes Heim und das Traumauto haben
dann ihre Bedeutung verloren. Wichtig ist dann nur,
ob sie Jesus gekannt haben. Ihn braucht man zum Sterben, aber auch zum Leben.

Ich bemerke, dass ich selbst kaum besser bin.
Nebensächliches hat einen zu hohen Stellenwert! Ich
überlege, was auch dann noch zählt, wenn ich von dieser in eine andere Welt gehen muss. Ich bemerke, dass
die Liste gar nicht lang ist! Da ist erstens Gott. Die
Beziehung, die ich jetzt zu ihm habe, hat Auswirkungen
auf die Qualität der Gemeinschaft mit ihm in der Ewigkeit. Dann ist da sein Wort, die Bibel, sie gilt bis in alle
Ewigkeit. Die möchte ich gut kennen. Die Menschen,
die Jesus in seine Nachfolge gerufen hat, haben ewigen
Wert. Dann wird mir klar, dass jeder einzelne Mensch
Ewigkeitswert hat. Er geht entweder ewig verloren
oder er ist ewig bei Gott. Dass Menschen Gott erkennen, dafür will ich leben, dafür will ich mich investieren. Mein Leben bekommt neue Ziele, neue Prioritäten.

Ich schließe meine Ausbildung ab und gehe zurück
nach Bad Ischl. Dort arbeite ich halbtags im Geschäft

meiner Eltern, in meiner Freizeit engagiere ich mich in einer christlichen Gemeinde.

Für einige Monate finde ich einen Job in einem Rehabilitationszentrum. Der Berufsalltag ist eine gute Herausforderung. Ich lerne viele verschiedene Leute kennen. Manche Kollegen setzen sich voll ein, andere arbeiten sehr lässig. Ich will meinen Job so gut wie möglich machen.

Dann bekomme ich eine Stelle im Landeskrankenhaus. Vorerst arbeite ich vor allem mit Multiple-Sklerose-Patienten. Die Arbeit ist körperlich und seelisch sehr anstrengend. Berufliche Fortbildungen helfen mir im fachlichen Bereich, aber menschlich stoße ich an Grenzen. Es gibt Tage, da weine ich, wenn ich nach Hause komme. Anfangs weiß ich nicht recht, warum. Das persönliche Leid der Menschen nimmt mich mit. Es ist eine harte, aber gute Schule. Vieles wird relativ. Ich lerne stark behinderte Menschen kennen, die sehr begrenzte Möglichkeiten haben und trotzdem Lebensfreude ausstrahlen. Ich erkenne, dass es zwei Reaktionen auf Leid gibt – Verbitterung oder ein positiver Kampf. Ich bemerke, dass eine richtige Beziehung zu Gott die absolut beste Hilfe bei Bewältigung von Leid ist. Nach einiger Zeit arbeite ich halbtags und einige Nachmittage in eigener Praxis.

In meiner Wohnung treffen sich bis zu 20 Jugendliche. Viele von ihnen haben existenzielle Fragen. Gemeinsam suchen wir in der Bibel nach Antworten. Einige Leute finden zum lebendigen Glauben an Jesus Christus. Wir fragen uns: Wie haben die ersten Gemeinden ausgesehen? Was war den Gläubigen wichtig? Wieder finden wir Antworten im Neuen Testament. Mit Gleichgesinnten entsteht eine neue Gemeinde.

Persönlich bewegt mich die Frage: »Gott, willst du, dass ich heirate?« Da ist ein junger Mann in unserer Jugendgruppe. Irgendwie imponiert er mir. Seine ruhige Art, sein scharfes Denken und seine Konsequenz machen mir Eindruck. Er sagt: »Du hast mir einmal zu tief in die Augen geschaut!« Heute weiß ich, dass ich mit meinen Blicken vorsichtiger umgehen muss.

Wir verlieben uns. Er ist an einer Ehe interessiert, doch das ist jetzt nicht dran, denn er hat erst mit seinem Studium begonnen. Ich bin nicht sicher, ob er wirklich der Richtige ist. Während seines Studiums kommen bei ihm Zweifel am Wort Gottes auf. Er wirft sein Vertrauen auf Jesus über Bord. Das ist eine der schmerzhaftesten Erfahrungen meines Lebens. Ich verstehe seine Entscheidung nicht und hoffe, dass er zum Glauben zurückfindet. Nach wie vor will er mich heiraten, doch es kann nicht der Wille Gottes sein, dass ich jemanden heirate, der in Glaubensfragen andere Maßstäbe hat.

Innere Kämpfe folgen. Gehorsam zu lernen, ist manchmal schmerzhaft. Heute sehe ich, dass Gott mich vor einer falschen Entscheidung bewahrt hat. Wir hätten nicht gut zusammengepasst. Mehr und mehr lerne ich verstehen, dass Gottes Wille für mich perfekt ist. Danach gilt es zu streben. Auch ohne eigene Familie kann ich ein erfülltes und reiches Leben führen.

In mir wächst der Wunsch, ein Jahr im Ausland zu verbringen, meinen Horizont zu erweitern, andere Christen kennenzulernen. Ich sage es meinem Gott. Jahrelang heißt es warten. Es wird mir zur Gewohnheit, einmal im Jahr die Bibel durchzulesen. Das hilft, Gott und seine Gedanken besser kennenzulernen.

## Gott meint es gut mit mir

1993 tut sich ein Weg nach Amerika auf. Gott hat alles super vorbereitet: Eine Kollegin aus Deutschland vertritt mich für ein Jahr im Krankenhaus. Sie meldet sich sogar von selbst. Mein älterer Bruder findet für mich einen Platz in Kalifornien. Die Wege sind geebnet. Ich verstehe jetzt: Wenn Gott mich warten lässt, dann weiß er, warum. Seine Lösung ist für mich die beste.

Kalifornien ist ein Land vieler Schönheiten. Ich genieße das Bergsteigen im Yosemite-Nationalpark, meine Augen erfreuen sich am Anblick von Red Woods und Pazifik. Ich begegne Menschen mit Tiefgang. Dieses Jahr wird in meiner Erinnerung immer einen besonderen Platz einnehmen. Am meisten beeindrucken mich drei ältere Menschen, die ich kennenlerne. Ihre Persönlichkeit lässt erahnen, was es heißt, Jesus zu kennen und ihm bis ins hohe Alter treu nachzufolgen. Ihr Vorbild motiviert mich bis heute.

Nach elf Monaten geht es zurück in die Heimat. Es ist schön, Eltern, Brüder und deren Familien und Freunde wiederzusehen. Ich steige wieder in meinen Beruf ein.

Der Eindruck wächst, dass ich an einen anderen Ort ziehen soll. Drei Leute fragen mich, ob ich mit ihnen zusammenarbeiten möchte. Ich bete viel. Ich möchte Gottes Willen in dieser Sache erkennen. Die letzte Anfrage scheint am reizvollsten.

Ein christliches Schulungsprogramm, ähnlich dem, wie ich es in Amerika besuchte, soll in Salzburg aufgebaut werden. Ist das der Platz, an dem Gott mich haben will? Ich fühle mich überfordert, möchte aber Gottes Willen tun. Zweimal spricht Gottes Wort konkret in meine Situation. Jetzt weiß ich, wenn es Gottes Plan ist, wird er auch die Fähigkeit dazu geben. Ich frage drei reife Christen um Rat. Sie sagen: »Geh!«

Ich suche eine Wohnung und einen Halbtagsjob als Physiotherapeutin in Salzburg. Die neue Herausforderung gefällt mir. Anfänglich habe ich Sehnsucht nach meiner alten Heimat, aber bald habe ich neue Freunde gefunden. Gottes Wort erweist sich wieder einmal als wahr. *Und ein jeder, der Häuser oder Brüder oder Schwestern oder Vater oder Mutter oder Kinder oder Äcker um meines Namens willen verlassen hat, wird hundertfach empfangen und ewiges Leben erben.*[14]

Nun bin ich schon drei Jahre hier und kann nur sagen: Es stimmt, *dass denen, die Gott lieben alle Dinge zum Guten mitwirken.* Mein Gott meint es gut mit mir. Ich darf in dieser schönen Stadt leben. In Salzburg stehen alle Möglichkeiten offen, Sport auszuüben und

---

14  Matthäus 19, Vers 29

die Freizeit anspruchsvoll zu gestalten. Gerne bekoche ich Freunde in meiner Wohnung oder gehe gemütlich zum Essen aus. Die verschiedenen Aufgabenbereiche, in die ich gestellt bin, gefallen mir und sind mir immer wieder eine neue Herausforderung.

Wenn ich heute an meinen Bruder Michael denke, tue ich das ohne Bitterkeit. Gott hat meine Wunde geheilt. Geblieben ist eine Sensibilität für Menschen, die gerade Ähnliches durchmachen. Ich habe verstehen gelernt, dass ich Gott völlig vertrauen kann, dass seine Pläne mit mir viel besser sind als meine eigenen Vorstellungen. *Gott lässt nicht zu, dass wir in der Versuchung zugrunde gehen. Wenn unser Glaube auf die Probe gestellt wird, schafft Gott auch die Möglichkeit, sie zu bestehen.*[15]

Natürlich erzähle ich gerne weiter, wer für die Zufriedenheit in meinem Leben verantwortlich ist.

Meine größte Freude ist es, mitzuerleben, wie Jesus Christus Menschen verändert, ihrem Leben Sinn und Freude gibt, wenn aus Suchenden Menschen werden, die gefunden haben.

Esther Janzen
Kleingmainergasse 34
A-5020 Salzburg
e.janzen@aon.at

---

15   1. Brief an die Korinther 10, Vers 13

# Karl Weißenböck

# Es geschehen noch Wunder

Immer wieder, immer wieder, immer wieder Österreich ... Was für eine Stimmung! Österreich schlägt Deutschland 3:2!!! Fußballgott Hans Krankl schießt uns in den siebten Fußballhimmel. Meine Freunde und ich fallen uns um den Hals; wir weinen und singen vor Freude. Nur wer so etwas miterlebt hat, kennt dieses unbeschreibliche Glücksgefühl. Der Erfolg musste natürlich gebührend begossen werden.

Die Freude war von kurzer Dauer, denn bereits im nächsten Spiel verlor unsere Mannschaft. Wie konnte das nur passieren?! Unsere Enttäuschung war mindestens so groß wie die Freude zuvor. Dieselben Fußballgötter, die wir noch vor ein paar Wochen gefeiert hatten, schmähten wir jetzt aufs Gröbste. Im Trauermarsch zogen wir johlend durch Saalfelden. Einer marschierte mit einem Kreuz voraus, auf dem wir die österreichische Fahne gehisst hatten. Gleich hinter dem Fahnenträger ging ich als »Pfarrer«, mit Klo-

besen, Sektkübel und anstößigen »frommen« Sprü-
chen, sehr zum Ärgernis einiger älterer Leute. Unser
Spott gipfelte im Verbrennen der Fahne.

Nachher ging's in die Kneipe, wo wir unsere Enttäuschung mit ein paar Litern Bier hinunterspülten,
ich dachte: »Gott is wia a riesig's Bierfassl, und i aus
sei Diener leg mi drunta und draas auf, wonn is grad
brauch.«[16] Mit dem Ansteigen des Promillegehalts
nahm unser Fachwissen zu. Bei unserer Stammtisch-
runde hatte jeder das Zeug zum Teamchef! Ja, hier in
der Kneipe war meine Heimat, hier fühlte ich mich
wohl. Vielleicht lag es daran, dass ich nie ein richtiges
Zuhause gekannt hatte.

### Zwischen Wirtshaus und Arbeit

Großgezogen wurde ich von meinen Großeltern,
wobei ich meine Großmutter immer in bester Erinnerung behalten werde. Sie hat sich sehr liebevoll um
mich gekümmert. Ich bin ihr heute noch sehr dankbar dafür. Auch wenn meine Großmutter wunderbar
für mich sorgte, so sehnte ich mich insgeheim doch
nach meiner Mutter. Mit meinem Großvater hatte ich
oft Schwierigkeiten. Schuld daran dürfte mein Lebensstil gewesen sein, der ganz und gar nicht seinen Vorstellungen entsprach. Meine Lehre als Installateur beendete ich nur mit Widerwillen, weil ich diesen Beruf
eigentlich nie lernen wollte. Aber mir blieb nichts

---

16  Übersetzung für Nichtösterreicher: »Gott ist wie ein riesiges Bier-
fass und ich als sein Diener leg mich darunter und drehe auf, wenn
ich es gerade brauche.«

anderes übrig, als mich dem Wunsch meines Groß-
vaters zu beugen.

Danach leistete ich den Präsenzdienst[17]. Disziplin
und Gehorsam gehörten nicht zu meinen Stärken.
Eher war ich ein Rebell, der gerne aus der Reihe tanzte
– sehr zum Gaudium meiner Freunde. Beim Heer hatte
man dafür aber sehr wenig Verständnis und so war es
nur eine Frage der Zeit, bis ich mein erstes Diszipli-
narverfahren hängen hatte. Durch nächtliche Ruhe-
störung im Kasernengelände, Dienstantritt in stark
alkoholisiertem Zustand sowie unerlaubtes Entfernen
von der Truppe wegen eines Bierzeltbesuches handelte
ich mir 14 Tage Arrest ein. Hinter den kalten Gefäng-
nismauern zu sitzen, war dann doch etwas ernüchternd. Warum saß ich hier? War es dieser Spaß wirklich wert gewesen? Solche Gedanken gingen mir durch
den Kopf. Das erste Mal kam ich ein wenig ins Nachdenken. Wie sich allerdings herausstellen sollte, hatte
ich aus dem Schaden nichts gelernt.

Nach der unrühmlichen Beendigung meiner Wehr-
zeit verhalf mir ein Onkel zu einer Arbeitsstelle. Er
nahm mich mit nach München. Dort wurde gerade
für die Olympischen Spiele 1972 gebaut. Dummerweise
dachte mein Onkel, er müsse ein Auge auf mich haben,
damit doch noch etwas aus mir werden könne. Ich war
aber nicht dafür geboren, mich unterzuordnen. Ich
wollte frei sein, schließlich war ich doch erwachsen.

---

17  österreichischer Militärdienst

Meine Kündigung war beschlossene Sache. Es folgten Gelegenheitsjobs, die mir nicht besonders zu-
sagten. Eine Woche dort, zwei Wochen da, so ging es
über Monate dahin. Bis ich eine Anstellung in einem
Unternehmen fand, die meinen Vorstellungen entsprach. Durch meine neue Arbeit war ich in Deutschland unterwegs, wo Autobahnbrücken gebaut wurden. Es schien, als hätte ich endlich gefunden, was
ich suchte. Eine sehr gut bezahlte Arbeit und die lang
ersehnte Freiheit. Endlich konnte ich tun und lassen,
was ich wollte. Es gab keinen Drill mehr wie in der
Kaserne, keinen lästigen Onkel, der alles besser wusste,
und keinen Großvater, dem ich Rechenschaft ablegen
musste.

Ich war zufrieden, genoss meine Freiheit und versuchte meine Arbeit so gut wie möglich zu machen.
Aus jedem neuen Ort schickte ich Ansichtskarten nach
Hause. Alle sollten sehen, wie gut es mir ging und wie
weit ich es gebracht hatte.

Nach einigen Monaten zog es mich heim zu den
alten Freunden. Voller Stolz berichtete ich ihnen von
meiner anspruchsvollen Tätigkeit und dem fetten
Gehalt. Dabei versäumte ich nicht, kräftig eins drauf-
zulegen! Einen der Freunde beeindruckte meine Über-
treibung derart, dass er in dieselbe Firma wechseln
wollte.

Kein Problem für Karl, der hatte ja einen guten
Draht zur Firma, und so kam es, dass wir gemeinsam von Baustelle zu Baustelle zogen. Dieser Umstand
wurde uns zum Verhängnis. Zusammen mit meinem

Freund war ich bald im alten Fahrwasser. Das deutsche Bier schmeckte uns besonders gut, so tranken wir abends eine Maß nach der anderen. Das wirkte sich auf unsere Arbeitsmoral natürlich negativ aus. Nach einigen Ermahnungen wurden wir entlassen. Aus der Traum! Was so gut begonnen hatte, fand ein schnelles Ende.

Ich wurde immer unzuverlässiger. Dementsprechend oft wechselte ich meine Arbeitsstellen. Ein schiefes Wort war ein ausreichender Kündigungsgrund. »Wer bin ich denn eigentlich? Mit mir macht das keiner! Adios Amigos, und sucht euch einen anderen Dummkopf.« Wenn ich zwei Wochen in derselben Firma arbeitete, dann war das für mich schon lange.

Es wäre mühselig, alle Arbeitsstellen aufzuzählen. Ich war Installateur, Hilfsarbeiter, Kellner, Maler, Holzfäller, arbeitete in Zucker- und Reifenfabriken und vieles mehr. Wenn ich auch nie lange in einem Betrieb war, so habe ich mich doch immer wieder um eine Arbeit bemüht. Sobald ich aber ein wenig Schotter in der Tasche hatte, war die Versuchung zum Nichtstun groß. Mit der Zeit wurde es schwieriger, Arbeit zu finden. Immer länger war ich arbeitslos. Eine Zeit lang wohnte ich bei meiner Mutter, die mich sogar finanziell unterstützte. Obwohl sie sich früher nie recht um mich gekümmert hatte, war sie doch jetzt ein wenig für mich da. Mein Stiefvater war nicht begeistert davon, was ja auch verständlich ist.

**Die Dummheit hatte einen Namen**

Eines Nachts kam ich auf die wahnwitzige Idee, heimlich mit dem Auto meines Stiefvaters eine Spritztour zu machen. Dabei hatte ich nicht einmal einen Führerschein. Es kam, wie es kommen musste. Ich verlor die Kontrolle und kam von der Straße ab, wobei das Fahrzeug stark beschädigt wurde. Zu feige, um meine Tat einzugestehen, parkte ich das Auto an derselben Stelle, von wo ich es genommen hatte. Ohne von jemandem bemerkt worden zu sein, ging ich mit klopfendem Herzen zu Bett.

Früh am Morgen schlich ich aus dem Haus. Noch nie zuvor hatte ich ein so schlechtes Gewissen gehabt. Was hätte ich darum gegeben, alles ungeschehen machen zu können! Als ich dann mittags nach Hause kam, waren meine Nerven zum Zerreißen gespannt, denn die Polizei war da. Alle standen um das beschädigte Fahrzeug meines Stiefvaters. Er beteuerte, dass er sein Auto am Abend ordnungsgemäß abgestellt und am nächsten Morgen in diesem Zustand vorgefunden hätte.

Die Polizei schloss nicht aus, dass es sich um einen Versicherungsbetrug handeln könnte. Schließlich wurde auch ich befragt, ob mir etwas Verdächtiges aufgefallen wäre. Natürlich hatte ich nichts bemerkt. Als ich das sagte, klopfte mir das Herz bis zum Hals. Doch vorerst schien alles gut auszugehen.

Zu Hause wollten die Gespräche wegen diesem Vorfall nicht verstummen. Mein Stiefvater ärgerte sich fürchterlich über den entstandenen Schaden sowie über die Unverfrorenheit dessen, der den Schaden angerichtet haben musste. Wer könnte so etwas tun und wie kam er an den Autoschlüssel?

All diese Gespräche und Fragen belasteten mein Gewissen derartig, dass es mir unerträglich wurde. Ich konnte meinen Leuten nicht mehr in die Augen schauen. Jedes Mal, wenn mich jemand anblickte, bekam ich eine Gänsehaut. Das hielt ich schließlich nicht mehr aus und zog von meinen Eltern weg.

Ich lebte weiter wie zuvor, ging arbeiten oder auch nicht, je nach Lust und Laune. Es dauerte nicht lange, bis ich die Autogeschichte verdrängt hatte und mich insgeheim bereits darüber freute, alles gut überstanden zu haben. Aber das sollte ein Irrtum sein. Ich wusste noch nicht, dass alles Verborgene einmal ans Licht kommen wird, dass es jemanden gibt, der nicht nur meine Schuld aufdecken, sondern mir aus dem Schlamassel heraushelfen wollte.

Schneller als ich dachte, holte mich meine Vergangenheit ein. Durch eine Wirtshausschlägerei wurde die Polizei auf mich aufmerksam. Sie nahmen mich mit aufs Revier, um mich dort ein bisschen in die Mangel zu nehmen. »Womit bestreiten Sie denn Ihren Lebensunterhalt, Herr Weißenböck? ... Was haben Sie gestern Abend von 20.00 bis 22.00 Uhr gemacht? ... Waren Sie an den Einbrüchen letzte Nacht beteiligt? ... Wie war das doch gleich mit dem Auto Ihres Stiefvaters? ... Könnte es sein, dass Sie das Auto unbefugt in Betrieb genommen haben? ... Wo sagten Sie, waren sie in jener Nacht? ...«

Mit den Einbrüchen hatte ich ja nichts am Hut, aber bei der Sache mit dem Auto wurde ich immer nervöser. Das haben auch die Polizisten bemerkt, woraufhin sie mir ordentlich einheizten. Mein Lügengebäude konnte ihren Fragen genauso wenig standhalten wie meine Nerven. Schließlich schrie ich: »Lasst mich doch endlich in Ruhe! Ich gebe alles zu, ich war es! Ja, ich habe das Auto zu Schrott gefahren, aber mit den Einbrüchen habe ich nichts zu tun!«

In meinem Innersten stand das Barometer auf Sturm. Was ich so lange verborgen hatte, kam nun ans helle Tageslicht und wurde für alle sichtbar. Ja, ich schämte mich wirklich, aber geändert habe ich mich noch immer nicht. Ich bekam eine saftige Strafe, die ich jedoch nicht bezahlte, obwohl mir Aufschub und Ratenzahlung gewährt wurde. Ein Haftbefehl war die Folge. Nun hieß es definitiv: Zahlen oder 30 Tage Gefängnis! Wenn Dummheit jemals einen Namen gehabt hat, dann hieß sie damals Karl, denn ich entschied mich fürs Gefängnis. »Besser könnt i mir des Geld ja gar niet verdienen«, war meine schlaue Begründung.

Bald merkte ich, wie schlau meine Entscheidung gewesen war. Da saß ich nun in einer winzigen Zelle mit Schwerverbrechern, Zuhältern und Gewalttätern. Zu acht teilten wir uns einen Raum, der für vier gerade groß genug gewesen wäre. Eine Muschel stand als WC im Eck. Als die anderen Häftlinge hörten, dass ich mich freiwillig für den Knast entschieden hatte, wurde ich natürlich zum Gespött. Die dunkelsten Stunden meines Lebens verbrachte ich in dieser Zelle. Zum zweiten Mal dachte ich über den Sinn meines Lebens nach, darüber, wie viel ich falsch gemacht hatte und dass ich alles anders machen wollte, wenn ich erst wieder draußen wäre.

Es ging doch wieder im gleichen Trott weiter. Für eine feste Beziehung zu einer Frau reichte es nie, da mir meine Freiheit wichtiger war. Mein Zuhause waren die Kneipen. Ich erwarb den Ruf eines Gasthausbruders. Obwohl diese Aussage völlig gerechtfertigt war, kränkte mich die schlechte Nachrede so sehr, dass ich deswegen immer wieder in Raufereien verwickelt wurde. Ich konnte es nicht ertragen, dass man mir die Wahrheit ins Gesicht sagte. Trotz all der Dummheiten wollte ich doch als anständiger Mensch dastehen. Ich sehnte mich nach Anerkennung und wünschte mir, dass irgendjemand mich mochte, wie ich war. Im Wirtshaus hatte ich dieses Gefühl noch am ehesten, wenn es auch viele menschliche Enttäuschungen gab.

### Das runde Leder ruft

Eines Tages lud mich ein alter Schulfreund ein, beim Fußballclub mitzumachen. Ich nahm gerne an. Das runde Leder schien meinem Leben endlich die ersehnte Wende zum Besseren zu geben. Kameradschaft wurde großgeschrieben. Auch arbeitsmäßig begann ich sesshaft zu werden, da ich es mir inzwischen zwei Mal überlegte, bevor ich einmal kündigte.

Mein Verlangen nach einer eigenen Familie wurde immer größer. Ich wünschte mir eine intakte Familie mit ein paar Kindern und eine Frau, mit der ich alles teilen könnte. Eines Abends lernte ich bei einem Fußballfest ein hübsches Mädchen namens Renate kennen. Irgendwie verstanden wir uns gleich. Der Abend war ausgelassen und lustig.

Sie lernte mich von meiner besten Seite kennen. Gerne hörte ich ihr zu, wenn sie mir von ihren Nöten und Träumen erzählte. Es beeindruckte mich, dass sie so fröhlich war, obwohl sie eine schwierige Zeit hinter sich hatte. Sie strahlte Ruhe und Geborgenheit aus, genau das, wonach ich mich schon so lange sehnte. Ihr Leben war in verhältnismäßig geordneten Bahnen verlaufen. In der Bank, in der sie arbeitete, galt sie als äußerst zuverlässig und war unter Mitarbeitern und Kunden sehr beliebt. Umso größer war das Erstaunen mancher Leute, als sie mitbekamen, wen Renate heiraten wollte. Einmal wurde sie sogar gefragt, ob sie denn jetzt auch in die Unterwelt gegangen sei. Mein Ruf war so schlecht, dass selbst das Gute, das ich tat, keine Beachtung fand. Renate wurde von vielen Bekannten vor mir gewarnt. Sogar meine eigene Mutter riet ihr ab, sich mit mir einzulassen. Doch sie schlug alle Warnungen in den Wind und war bereit, mir alleine ihre Zuneigung zu schenken. Das Vertrauen, das sie in mich setzte, beflügelte mich so sehr, dass ich anfangs alles unternahm, um sie nicht zu enttäuschen.

Als wir heirateten, war ich 27 Jahre alt. Gleich nach der Trauung ging's auf den Fußballplatz. Von nun an waren wir beide auf dem Rasen anzutreffen. Bei allen

Aktivitäten und Einsätzen des Vereins waren wir dabei. Es dauerte nicht lange, da hatten wir schon drei Kinder. Das war selbst für eine so ausgeglichene Frau wie Renate nicht ganz einfach wegzustecken. Sie hatte kaum noch Zeit für die gemeinsamen Aktivitäten auf dem Fußballfeld und blieb immer öfter mit den Kindern zu Hause.

Obwohl ich nun Vater von zwei Söhnen und einer süßen Tochter war, tat dies der Treue zum Verein keinen Abbruch. Lieber vernachlässigte ich meine Familie, als dass ich eins von den Spielen ausgelassen hätte. Während Renate zusehen musste, wie sie mit den Kindern zurechtkam, verbrachte ich jede freie Minute mit den Fußballkollegen.

Den ganzen Tag war ich in der Arbeit und nach Feierabend rief mich das runde Leder. Das sehnsüchtige Rufen meiner Frau nach mehr Unterstützung hörte ich nicht. Ich dachte, dass mein Einsatz und meine Kraft für den Verein ganz einfach unersetzlich waren.

Dieser Umstand wirkte sich mit der Zeit auf unsere Ehe katastrophal aus. Wäre ich mit derselben Liebe und mit demselben Einsatz für meine Familie da gewesen, dann wären meiner Frau viele Tränen erspart geblieben. Dabei hatte ich bei jedem Streit das Gefühl, nur Unverständnis zu ernten: »Ja, hat denn niemand eine Ahnung, was ich leiste? Da strampelt man sich ab von der Früh bis zum späten Abend, reißt sich ein Bein aus, in der Firma und für den Verein, und als Lohn gibt's dann noch eins oben drauf! Ich kann's einfach nicht glauben!«

Ich hatte meine guten Vorsätze vergessen. Nun, da ich eine Familie hatte, nahm ich mir keine Zeit mehr für sie. Alle anderen bekamen mich öfter zu sehen als meine Frau. Renate litt unter meiner Zügellosigkeit dermaßen, dass sie schließlich alles vorbereitete, um die Scheidung einzureichen.

## Es greift jemand ein

Beinahe wäre unsere Ehe an meinem Lebensstil zerbrochen. Doch so weit sollte es nicht kommen. Es gab jemanden, der die Tränen meiner Frau zählte und ihr Herzeleid sah. Einen, der auch hinter verschlossene Türen sehen kann. Und dieser Jemand griff ein.

Verzweifelt kämpfte sich Renate durch die trostlosen Tage ihrer Einsamkeit. Dabei stellte sie immer wieder die Sinnhaftigkeit ihres Lebens infrage. Wie soll das weitergehen? Woher komme ich eigentlich und wohin gehe ich? Zu diesem Zeitpunkt begann sie, zu Gott zu beten und in der Bibel zu lesen. In ihrer Not, die sie mit mir hatte, schrie sie immer wieder zu Gott um Hilfe. Und der erhörte sie tatsächlich. Durch das Lesen in der Bibel lernte sie Gott immer besser kennen. Außerdem gab es ein paar gute Bekannte, die waren Christen, mit denen konnte sie über Gott und die Bibel reden. Für mich waren das alles nur Sektierer und fromme Schwätzer, mit denen ich absolut nichts zu tun haben wollte. Ich war zwar auf dem Papier ein Christ, aber der christliche Glaube interessierte mich nicht die Bohne.

Das änderte sich jedoch, als meine Frau mir zu verstehen gab, wie wichtig für sie das Leben mit Gott geworden war. Bei unseren Nachbarn trafen sich einmal in der Woche ein paar Leute, die gemeinsam in der Bibel lasen. Meine Frau wollte dort ebenfalls hingehen. Sie fragte mich, ob ich mitkommen würde. Mehr hat es nun wirklich nicht mehr gebraucht. »Niemals!«, schrie ich sie an. »Von uns geht da keiner hin!« Renate war jedoch fest entschlossen, an diesem Abend zu der Bibelrunde zu gehen, mit mir oder ohne mich. Das brachte mich zur Weißglut. »Hast du nicht gehört? Wir gehen da nicht hin!«, schrie ich sie an. Mein Gebrüll hatte noch selten seine Wirkung verfehlt. Ich war außer mir, rannte in meinem Zorn mehrmals in den ersten Stock und wieder herunter. Wie ein Besessener schäumte ich vor Wut und versprühte Gift und Galle.

Meine Frau schüttelte es vor lauter Weinkrämpfen. Unter Tränen verließ sie das Haus, um in die Bibelstunde bei unseren Nachbarn zu gehen. Ich lief ihr nach, um sie aufzuhalten. Was ich nun unter heftigem Weinen von ihr zu hören bekam, machte mich sprachlos. Schluchzend und mit zitternder Stimme sagte sie: »Schatz, ich kann nicht anders, ich muss da hingehen!« Das konnte ich einfach nicht glauben, was ich da hörte. Ich war einem Herzinfarkt nahe vor lauter Rasen und Schreien, und das war ihre Antwort!? Ich erkannte meine Frau nicht wieder. Ich hatte sie mit meinen Wutanfällen doch noch jedes Mal gefügig gemacht. Woher hatte sie jetzt bloß die Kraft, mir so etwas ins Gesicht zu sagen? Hatte mein ganzes Lärmen denn überhaupt keine Wirkung mehr? Ich war so verblüfft, dass ich zu ihr sagte: »Warte, ich komm mit!«

Ich wunderte mich selbst darüber, was ich da gesagt
hatte. Es war, als hätte diese Antwort ein anderer gegeben. Mit gemischten Gefühlen betrat ich gemeinsam
mit Renate an jenem Abend das Wohnzimmer der
Nachbarn. Merkwürdig genug, dass ich mich dort sehr
wohl fühlte. Es wurde aus dem Evangelium von Johannes gelesen und ich hörte einige interessante Aussagen
über Jesus Christus, die mich zum Nachdenken brachten. Früher bezeichnete ich die Bibel ätzend als Micky-
Maus-Heftchen, etwas, das man nicht ernst nehmen
sollte. Doch jetzt las ich selber zum ersten Mal darin
und merkte, dass es sich bei diesem Buch um mehr
handeln musste als nur um einen schlechten Witz.

Von diesem Tag an besuchten wir den Bibelkreis
jede Woche. Dabei beobachtete ich das Leben dieser
Christen sehr genau. Es erstaunte mich, wie sie sich
in allen Bereichen unbeirrt auf Christus verließen und
welche Freude ihr Leben ausstrahlte. Noch nie zuvor
war ich Menschen begegnet, die mit solcher Begeisterung in der Bibel lasen. Das motivierte mich ebenfalls, dieses Buch in die Hand zu nehmen, um den
Gott näher kennenzulernen, der meine Frau so stark
machte und diese Menschen so glücklich.

Was ich dann allerdings in der Bibel fand, begeis-
terte mich vorerst weniger. Einmal las ich nach einer
durchzechten Nacht einen Vers aus dem Epheserbrief:
*Betrinkt euch nicht, denn das führt nur zu einem un-
ordentlichen Lebenswandel.*[18] Ein anderes Mal las ich:

---

18  Brief an die Epheser 5, Vers 18

*Ihr Väter, reizt eure Kinder nicht zum Zorn,*[19] nachdem ich mit meinen Kindern in ungerechtfertigter Weise geschrien hatte. Oder: *Ihr Männer, liebt eure Frauen*[20] ..., nachdem ich wieder einmal meinen Jähzorn an meiner Frau ausgelassen hatte. Das waren sehr unbequeme Aussagen, die mein Gewissen nicht gerade beruhigten. Es war wirklich nicht einfach, mit mir zusammenzuleben. Renate litt sehr unter meinen unkontrollierbaren Zornausbrüchen. Doch ihr Vertrauen zu Jesus Christus machte sie so stark, dass sie mich nicht nur ertrug, sondern mir sogar noch Liebe entgegenbrachte.

Durch das Lesen in der Bibel wurde mir erst bewusst, was für ein schlechter Mensch ich eigentlich war. Es war immerhin ein Fortschritt, dass ich das jetzt einsah, weil ich früher die Schuld stets bei anderen gesucht hatte. Aber ich konnte aus meiner Haut nicht heraus. Immer wieder bemühte ich mich, ein besserer Mensch zu werden. Ich weiß nicht mehr, wie oft ich meiner Frau versprach, mich zu ändern. Versöhnung – Streit, Versöhnung – Streit. »Nie wieder werde ich es tun!« – Es waren lauter leere Versprechungen. Es fehlte mir einfach die Kraft, mit dem Trinken aufzuhören oder mich im Zorn zu beherrschen. Meine Anstrengungen waren umsonst und es schien mir, als hätte ich eine tonnenschwere Last auf meinen Schultern liegen.

---

19  Brief an die Epheser 6, Vers 4
20  Brief an die Epheser 5, Vers 25

Wieder einmal nahm ich die Bibel zur Hand und begann darin zu lesen. Dabei kam ich zu einem Abschnitt, wo Jesus seinen Zuhörern zurief: *Kommt her zu mir alle, die ihr deprimiert und mit Lasten beladen seid, und ich werde euch Ruhe geben.*[21] Ich konnte kaum glauben, was ich da eben gelesen hatte. Konnte das wirklich stimmen? Durfte auch ich zu Jesus Christus kommen? Konnte auch ich meine Last bei ihm abladen? Würde er auch mir Ruhe geben? Kann dieser Jesus wirklich helfen?

»Wenn das stimmt, Herr, dann möchte ich mit dir leben.« Zum ersten Mal in meinem Leben hörte ich mich so beten, beinahe schämte ich mich vor mir selbst. Ich sagte zu Jesus: »Herr, wenn das wahr ist, was du hier sagst, dann möchte ich in Zukunft mein Leben mit dir leben, aber du bist verantwortlich dafür, dass es auch gut geht!« Ich dachte mir: »Wir werden ja sehen …«

Was dann passierte, hätte ich mir in meinen wildesten Träumen nicht vorzustellen gewagt. Ich hatte gerade den Herrn darum gebeten, mir alle meine Zornausbrüche, Trinkgelage, Lieblosigkeiten und Lügen zu vergeben. Ja, ich bat ihn darum, mir doch alles zu vergeben, was ich in meinem Leben falsch gemacht hatte – und das war eine ganze Menge.

Kaum hatte ich dieses Gebet gesprochen, da war es mir, als hätte ich gerade die Hälfte meines Körpergewichts verloren. Die ganze Last war fort, wie

---

21  Matthäus 11, Vers 28

weggeblasen. Friede überflutete mein Herz wie ein Strom. Noch nie zuvor erlebte ich die Gegenwart Gottes wie in diesem Augenblick. Es war mir, als hätte der Himmel seine Schleusen geöffnet, um seinen Segen über mir auszugießen. Tränen der Freude und Erleichterung rannen über meine Wangen. In diesem Augenblick wusste ich, dass mir der Herr vergeben hatte!

Worte würden unter der Last zusammenbrechen, müssten sie beschreiben, wie glücklich ich war. Der Friede Gottes, der allen Verstand übersteigt, brachte mein Herz zum Überfließen. *Kommt her zu mir, alle, die ihr depressiv und beladen seid, und ich werde euch Ruhe geben ...* Ich wusste jetzt, wie viel Wahrheit in diesen Worten liegt. Die Veränderung, die ich so lange vergeblich durch eigene Anstrengung hervorbringen wollte, war nun eingetroffen. Die Last meiner Schuld war weg. Ich hatte Ruhe gefunden. Und dass es sich dabei um keine gefühlsmäßige Einbildung gehandelt hat, sollte die Zukunft beweisen.

### Es geschehen noch Wunder

Draußen war es kalt und ungemütlich, ein richtiger Novembertag. Aber in meinem Herzen brannte ein Feuer, von Gott selbst angezündet. Jetzt war ich selber so ein religiöser Spinner, der immer nur von Jesus reden wollte. Aber nun war mir klar, wieso. Wer diesem Jesus einmal begegnet ist, der kann nicht länger schweigen, so geht es nun auch mir. Wessen Herz voll ist, dem geht der Mund über, und das ist bis heute so

geblieben, weil mich die Auswirkungen dieser Begegnung mit Jesus für mein Leben so begeistern.

Inzwischen sind beinahe zehn Jahre vergangen,
seit ich Jesus Christus gebeten habe, in mein Leben zu
kommen. Nicht einen einzigen Tag davon bereue ich.
Meine Entscheidung von damals hat sich als gut und
richtig erwiesen. In diesen Jahren habe ich durch das
Vertrauen auf Jesus Wunder Gottes gesehen und selber miterlebt. Durch seine Kraft und Hilfe konnte
ich von einem Tag auf den anderen das Rauchen aufgeben, ohne auch nur einen einzigen Tag unter Ent-
zugserscheinungen gelitten zu haben. Auch von dem
Laster des Trinkens befreite mich der Herr. Die langen
Stammtischnächte gehören ein für alle Mal der Vergangenheit an. Dem Herrn sei Dank, ich habe etwas weit
Besseres gefunden. Endlich habe ich Heimat gefunden.

Auch unsere Ehe hat der Herr in all den Jahren geheilt. Früher bin ich immer vor den Problemen davon-
gelaufen und habe sie einfach hinuntergespült, jedoch
nur, um sie bei nächster Gelegenheit wieder auszu-
speien. Heute kann ich mit Renate in Ruhe über alles
reden und anschließend tragen wir unsere Meinungs-
verschiedenheiten vor unseren gemeinsamen Herrn.
Ich kann wirklich sagen, dass der Herr Jesus uns geholfen hat, Harmonie und echte Liebe in unseren Ehe-
alltag zu bringen. Dafür werde ich ihm in alle Ewigkeit
dankbar sein.

Musste Renate früher die ganze Verantwortung
für die Familie alleine tragen, so tragen wir sie heute
gemeinsam. Als Jesus in mein Leben kam, öffnete er

mir die Augen, indem er mir zeigte, wie sehr ich meine Frau mit allem im Stich gelassen habe. Ich schäme mich sehr für all die Lieblosigkeiten, die ich ihr angetan habe. Viele Entschuldigungen meinerseits waren notwendig. Man kann sich vorstellen, dass mir das nicht leichtgefallen ist, aber dafür war es sehr heilsam.

Je mehr ich das Wort Gottes lese, umso freier werde ich. Ich bin heute noch davon begeistert, welche Lebenshilfen ich in diesem einzigartigen Buch finde. Wenn ich darin lese, so ist es, als ob ich in den Spiegel schauen würde. Der Herr zeigt mir, was gut ist in meinem Leben und was er an mir noch verändern möchte. Dadurch kam und kommt immer noch Ordnung und Beständigkeit in mein Leben. Das hat sich auch auf meine Arbeitsmoral sehr positiv ausgewirkt. Ich bin jetzt bereits seit zwanzig Jahren als Kraftfahrer einer Getränkefirma unterwegs.

Auch hier erlebe ich im Alltag die Hilfe des Herrn. Manchmal in bescheidener, aber dennoch beeindruckender Weise. An einem Nachmittag, ich war gerade mit meiner Tour fertig, befand ich mich mit dem Lkw von Saalbach kommend auf dem Heimweg. Diese Strecke ist sehr kurvenreich und da ich die Bier- und Limokisten irgendwie schlecht gestapelt hatte, verlor ich in einer scharfen Rechtskurve einen Teil meiner Ladung. Mit einem ohrenbetäubenden Knall zerbarsten Hunderte leerer Flaschen auf der Fahrbahn. Der Schrecken fuhr mir durch die Glieder. Gott sei Dank, es war gerade kein Gegenverkehr auf der ansonsten stark befahrenen Straße.

Doch nun war guter Rat gefragt, denn weit und breit ist kein Haus zu finden, wo man sich Schaufel und Besen besorgen könnte. Sofort schickte ich ein Stoßgebet zum Himmel. Die Straße war übersät mit Tausenden Scherben. Keine zwei Minuten später kommen mir zwei Autos von der Straßenmeisterei entgegen. Ja, wo gibt's denn so was, jetzt hatte ich nicht nur Schaufel und Besen, sondern auch noch ein paar Männer, die mir halfen, die Straße wieder zu reinigen. Man spricht so schnell von Zufällen, aber ich weiß heute, dass es bei Gott keine Zufälle gibt. Wieder einmal hatte er mir geholfen.

Ja, Gott ist eine Realität, ist Tatsache und fixer Bestandteil geworden in meinem Leben. Ich erfahre ihn jeden Tag aufs Neue und kann ihn dafür nur loben und preisen. Suchte ich früher Geborgenheit und Ruhe, so kann ich heute sagen, dass ich sie in Jesus Christus gefunden habe. Manchmal denke ich noch an meinen fürchterlichen Spruch »Gott is wia a Bierfassl ...« und es freut mich gewaltig, dass Jesus Christus mir gezeigt hat, wie er wirklich ist.

Karl Weißenböck
Lackenschlößl 10
A-5760 Saalfelden

## Eva Fellinger

# Auf Händen getragen

Was sich jede Frau wünscht – ich werde täglich auf Händen getragen! Was sich aber keine Frau, eigentlich überhaupt niemand wünscht – ich habe spinale Muskelatrophie[22] und kann weder stehen noch einen Schritt gehen. Wie man mich hinsetzt, so bleibe ich sitzen, wie man mich ins Bett legt, so liege ich die ganze Nacht. Selbst beim Essen bin ich auf Hilfe angewiesen – man muss alles mundgerecht zerkleinern und mir die Gabel in die Hand geben. Ein Glas Wasser kann ich mir nicht selber nehmen, ich bin dazu zu schwach, und gibt man mir das Glas nicht richtig in die Hand, fällt es zu Boden. Ich kann mich weder selber waschen noch alleine auf die Toilette gehen.

---

22  Unter dem Begriff »Spinale Muskelatrophien« (SMA) wird eine Gruppe von Krankheiten zusammengefasst, denen ein fortschreitender krankhafter Prozess im für den Bewegungsapparat zuständigen Bereich des Rückenmarks (spinal) gemeinsam ist. Hierdurch kommt es zum Muskelschwund (Atrophie) und zur Muskelschwäche.

Kann man so ein Leben überhaupt leben? Wie kann man das nur aushalten, wenn man ein Leben lang auf andere angewiesen ist? Und vor allem: Was wird die Zukunft bringen, wenn die Krankheit weiter fortschreitet? *Hat MEIN Leben einen Sinn?* Diese und ähnliche Fragen haben mich von Jugend an begleitet. Doch fangen wir von vorne an.

### Eine Kindheit im Rollstuhl

Ich wurde 1958 als drittes von sechs Kindern in Aschach an der Steyr geboren, einem kleinen Ort in Oberösterreich. Außer mir haben noch zwei Brüder die gleiche Krankheit. Meine Eltern erfuhren diesbezüglich viel Unverständnis. Damals gab es auch noch nicht so viele Hilfen für behinderte Menschen und die Leute im Ort mussten auch erst lernen, wie man uns begegnen soll.

Aber die Liebe von Mama und Papa, ihre Fürsorge, ihr Tragen und ihre Geborgenheit gaben mir trotz meiner Krankheit eine wirklich schöne und frohe Kindheit. Wofür ich heute meiner Mama besonders dankbar bin, ist die normale Erziehung, die sie mir und den Geschwistern gab. So wurden wir wegen unserer Behinderung weder besonders verwöhnt, aber auch nicht lieblos oder grob behandelt. Dies ermöglichte bei uns eine normale Entwicklung der Persönlichkeit. Ich konnte zwar nicht überall mitmachen, aber in meinen Träumen konnte ich richtig gehen und laufen und mit Geschwistern und Nachbarskindern herumtoben.

Als ich in die Schule kam, sind viele Fragen aufgetaucht – werde ich bei der Muskelschwäche meiner Hände das Schreiben lernen können? Werde ich
meine Rechenaufgaben machen können? Werde ich
wie andere Kinder zeichnen und malen können? In
dieser Zeit haben meine Eltern Unglaubliches geleistet.
Ich musste in der Früh in die Schule gebracht werden,
wurde zu Mittag abgeholt, bekam mein Mittagessen,
wurde auf die Toilette gesetzt, zum Nachmittagsunter-
richt in die Schule zurückgebracht und später wieder
abgeholt. Diese Anstrengung hielten meine Eltern tagtäglich, bei jedem Wetter, acht Jahre lang durch!

Bis zur vierten Klasse habe ich die Schulzeit eigentlich in recht guter Erinnerung. Ich ging sehr gerne
in die Schule. Deshalb war es umso frustrierender,
dass ich anschließend nicht aufs Gymnasium konnte.
Eigene Fahrdienste, Integrationsklassen etc. gab es damals noch nicht. So saß ich die weiteren vier Jahre in
der Volksschuloberstufe ab. Obwohl das jetzt so negativ klingt und auch irgendwie war, bin ich meinem
Klassenlehrer doch für all seine Mühe dankbar. Der
Umstand, dass mir das Gymnasium verschlossen blieb,
ließ in mir aber im Laufe der Zeit das Gefühl entstehen, dass ich auch geistig minderwertig bin. Es geht
vielleicht vielen körperlich behinderten Menschen so,
dass sie auch geistig nicht für voll genommen werden. Das schmerzt. Besonders in der Jugend empfand
ich das so. Dieses Gefühl von Minderwertigkeit und
Nutzlosigkeit verstärkte sich nach dem Schulabschluss
noch.

Was soll aus mir werden, was kann ich denn tun? In der Berufsberatung wurde mir der Vorschlag gemacht, dass ich in Wien eine spezielle Handelsschule für körperbehinderte Menschen besuchen könnte. Doch das hätte die totale Entwurzelung für mich bedeutet (mit der Aussicht, nachher höchstwahrscheinlich trotzdem keinen Arbeitsplatz zu bekommen).

Gemeinsam mit meinen Eltern traf ich die Entscheidung, bei ihnen zu bleiben. Einerseits ist das ein großes Vorrecht – meine Eltern tragen mich tagtäglich mit aller Liebe und Fürsorge buchstäblich durchs Leben –, aber andererseits habe ich dadurch auch kein eigenes Einkommen. Dazu kommt, dass die Bestätigung wegfällt, etwas zu können. Übrig bleibt ein Gefühl der Minderwertigkeit, der Ohnmacht, Abhängigkeit und Nutzlosigkeit.

Wie jeder andere junge Mensch sehnte ich mich nach Freundschaften, Beziehungen und einer eigenen Familie. Meine Körperbehinderung nahm meine Gefühle und Sehnsüchte nicht weg, sondern sperrte sie ein. Dass ich nie eine eigene Familie haben werde, wurde mir schon recht bald klar, aber das löschte meine Sehnsucht nach Geborgenheit und Liebe nicht aus. Es war mir damals unmöglich, mit dieser Diskrepanz umzugehen, und es fällt mir bis heute nicht leicht. Für jemanden, der Gefühle mit seinem Körper zum Ausdruck bringen kann, ist diese Aussage vielleicht schwer zu verstehen – für mich ist das aber der schwierigste Bereich meines Lebens.

**Ein paar Tropfen Lebensfreude**

Früher überspielte ich das, indem ich die Maske des lustigen Clowns aufsetzte. Nach außen hin war ich cool – würde man heute sagen. Ich war für jede Gaudi zu haben und in meiner Nähe war es lustig. Wie es in meinem Inneren aussah, wusste keiner. Ich baute mir eine dicke Schutzmauer der oberflächlichen Spaßmacherei auf. Vielleicht soll ich hier sagen, dass ich vom Naturell her eher ein humorvoller und fröhlicher Mensch bin. Deshalb passte mir nicht die Rolle des Mauerblümchens oder des grollenden Griesgrams, sondern eben die des lustigen Spaßvogels am besten.

Dass man mit mir Pferde stehlen kann, sprach sich schnell herum (nur mit dem Davonlaufen gibt es Probleme). Ein voller Erfolg wurde es, mich auf Bälle und Tanzveranstaltungen mitzunehmen. Mit der Zeit bildete sich eine eingefleischte Truppe, die keine Gelegenheit zum »Lumpen«[23] ausließ. Stellvertretend für die vielen Wochenenden möchte ich nur eines erwähnen. Bei der eher ausgeprägten Lumperei in Weibern[24] kamen wir von Samstag bis Dienstag mit nur zwei Stunden Schlaf aus. Mit vielen – durch Alkohol verursachten – Dummheiten feierten wir ausgiebig die Existenz der großen Halle und der dortigen Freiwilligen Feuerwehr.

Mein Leben war damals auf das jeweils kommende Wochenende beschränkt. Ich versuchte, den Alltags-

---

23 österreichischer Ausdruck für feiern, Feste begehen, ausgehen
24 kleiner, unscheinbarer Ort in Oberösterreich mit berüchtigtem Hallenfest

trott so gut wie möglich zu überstehen, um für »das wirkliche Leben« am Wochenende genügend Kraft zu haben. Ich weiß, das klingt nach einer sehr eingeschränkten Sichtweise, aber so habe ich damals eben die Dinge gesehen. Nur an den Wochenendlumpereien stellte sich ein bisschen das Gefühl von Freiheit ein. Mein Leben kam mir vor wie eine ausgepresste Zitrone und ich versuchte, ein paar Tropfen Lebensfreude herauszuquetschen – eine Alternative schien es nicht zu geben!

Diese Sehnsucht nach Leben und Freiheit spiegelte sich auch in meinem Fernweh wider. Anfänglich war es mehr das Verlangen, dem Alltag zu entkommen. Später kam die Freude am Entdecken dazu. Nur, das Ganze war wieder eine Sackgasse. Mit meiner Behinderung ist Reisen wegen all der Komplikationen fast ein Ding der Unmöglichkeit. So habe ich, um irgendwie mit dieser Frustration zurechtzukommen, meine Reiselust »abgedreht«.

Bei meiner Suche nach dem Leben tat sich eines Tages ein ganz neuer Aspekt auf. Ab und zu besuchte mich Leo. Ich kannte ihn seit meiner Zeit in der katholischen Jugend. Plötzlich fing er bei seinen Besuchen an, von Gott zu reden, ihm war das damals wichtig geworden. Am Anfang verstand ich nicht viel und hatte ich an diesem Thema wenig Interesse. Was die Liebe Gottes betraf, hatte ich meine Zweifel. Nicht, dass ich die Existenz und die Liebe Gottes grundsätzlich infrage gestellt hätte, ich sah nur nicht, dass diese Liebe mir gelten könnte – alles sprach dagegen! Ich kann verstehen, wenn Menschen mit einer Behinderung oder nach einem schweren Schicksalsschlag mit Bitterkeit reagieren.

### Gelebte Liebe

Eines Tages lud mich Leo in eine »Bibelrunde« ein. In meinem Kopf begann es zu arbeiten. Ich war neugierig, was an dieser Bibelrunde dran war, dass Leo so begeistert davon war. Aber gleichzeitig stiegen mindestens ein Dutzend Ängste auf: Werden mich diese Leute akzeptieren? Werde ich, Eva Unwichtig, dort dazupassen, wo doch einige angesehene Persönlichkeiten unseres Ortes teilnahmen? Werde ich etwas gefragt werden, das ich nicht verstehe? Werde ich keine Antwort wissen und dumm dastehen? Wird da jemand sein, der mir das Glas richtig in die Hand gibt, wenn etwas zu trinken angeboten wird? Wenn mir ein Glas aus der Hand gefallen wäre, hätte ich mich so geschämt, dass auch das Unternehmen Bibelrunde in eine Sackgasse gemündet wäre. Vor dieser weiteren Enttäuschung fürchtete ich mich.

Schließlich ging ich doch mit und es hat mir so gefallen, dass ich wieder hingehen wollte. Nur die Umstände wollten das nicht (wer auch immer dahintergestanden haben mag), denn die darauffolgenden Wochen regnete es jedes Mal am Abend der Bibelrunde. Wenn mich jemand im strömenden Regen vom Auto zum Haus und später in die andere Richtung trägt, werden wir beide ordentlich nass. Leo fand mit der Zeit aber eine Lösung für dieses Problem. Als Leo wieder an seinen Studienort musste, übernahmen meinen Transport einige Leute aus dem Bibelkreis. Das hat zu mir genauso tief gesprochen wie das, was ich dort hörte.

Ich fühlte mich so angenommen, wie ich bin. Zum ersten Mal musste ich keine Maske tragen, um Anerkennung zu finden. Erleichtert war ich auch, als ich merkte, dass man in Bezug auf meine Beteiligung (eigentlich Nichtbeteiligung) an den Diskussionen keinen Druck ausübte. Ungefähr ein Jahr lang blieb ich in der Bibelrunde ein stiller Zuhörer. Ich wagte es einfach nicht, meine Meinung mitzuteilen. Noch heute bin ich den Freunden – denn das sind sie inzwischen geworden – für ihre Geduld und Nachsicht dankbar. Wenn ich in dieser sensiblen Zeit von irgendjemandem auf Ablehnung gestoßen wäre, hätte ich mich einmal mehr enttäuscht und frustriert verabschiedet. Die gelebte Liebe Gottes hat deutlicher zu mir gesprochen als alle Worte, die ich gehört habe.

Ich muss aber erwähnen, dass mich damals auch die Botschaft der Bibel immer mehr interessierte. Ich begann in den Psalmen zu lesen und erinnere mich noch gut, dass ich mich total verstanden fühlte. Nicht nur von David und den anderen Psalmschreibern, sondern von Gott, dem eigentlichen Autor der Bibel.

Aber noch jemand schien mich zu verstehen. Hermann, der Leiter der Bibelrunde, kümmerte sich recht bald sehr liebevoll und sensibel um mich. Er war einer der wenigen Menschen, der verstand, dass ich in Bezug auf mein Gefühlsleben besonders zu kämpfen habe.

Seine Worte: »Du kannst mich jederzeit anrufen, selbst wenn es Mitternacht sein sollte«, waren mir sehr wichtig. Durch ihn, wie auch durch die anderen, erlebte ich die Liebe Gottes praktisch. Das ließ mich auch für die Botschaft der Liebe Gottes empfänglich werden. Ich sah, dass Liebe bei meinen Freunden keine fromme Phrase, sondern gelebte Realität war.

### Täglich Weihnachten und Ostern

Damals wurde mir immer klarer, dass Gott an meinem Leben Anteil nehmen möchte, weil er mich liebt. Ich erlebte diese Liebe durch meine Freunde, aber mehr noch durch Jesus Christus. Jesus sagte einmal: »*Größere Liebe hat niemand als diese, dass jemand sein Leben lässt für seine Freunde.*«[25] Wie oft hörte ich am Sonntag oder bei anderen Gelegenheiten, dass Gott Mensch geworden und dass er für mich gestorben ist. Bisher hatte ich wirklich wenig davon verstanden! Nun wurde es mir völlig klar – Gott liebt mich (mich ganz persönlich).

Für jemand anderen mag das vielleicht kitschig klingen. Ich aber hatte mich wegen der Behinderung mein ganzes Leben lang für eine Person gehalten, die nichts Liebenswertes an sich hat. Als mir bewusst wurde, dass Gott mich liebt, glich das dem Einschlag einer Bombe. Gott liebt mich!!! »*Denn so sehr hat Gott die Welt* (mich eingeschlossen) *geliebt, dass er seinen einzigartigen Sohn gab, auf dass jeder, der an ihn glaubt,*

---

25  Johannes 15, Vers 13

*nicht verlorengehe, sondern ewiges Leben habe«*[26] wurde
zum Evangelium, zu einer Frohen Botschaft für mich.
Manche nichtssagende religiöse Floskel wurde zum
Reden Gottes an und für *mich*. Man könnte auch
sagen, ich verstand auf einmal die Bedeutung von
Weihnachten (Gott wurde Mensch) und Ostern (und
hat dort am Kreuz für mich die Errettung vollbracht,
die Grundlage meiner Beziehung zu Gott). Beides
zusammen ist ein Beweis seiner Liebe zu mir. Ich bin
ihm wichtig – so, wie ich bin. Er möchte mein Leben
in der Hand haben, er möchte mich durchs Leben tragen – und dieses Bild habe ich zutiefst verstanden! Er
meint es gut mit mir. Er liebt mich. Liebe kann nicht
belügen, betrügen und fallen lassen! Die Liebe sucht,
bis sie findet, sie hebt auf und trägt[27]; und so ist es mir
gegangen.

In diesen Worten hörte ich, wie Gott zu mir redet.
Durch das Reden in seinem Wort sah ich, wie groß
seine Liebe zu mir war. Das forderte mich heraus, über
meine Liebe zu ihm nachzudenken. Es ging dabei nicht
um ein theologisches Problem, sondern um mein ganz
persönliches Ja zu einer Beziehung zu Gott. Es ging
darum, ihm ganz zu vertrauen, seine Einladung anzunehmen. Jesus Christus spricht diese Einladung unter
anderem in der folgenden Bibelstelle aus: *Kommt her
zu mir alle, die ihr deprimiert und mit Lasten beladen
seid, und ich werde euch Ruhe geben.*[28] Als ich das

---

26   Johannes 3, Vers 16
27   1. Brief an die Korinther 13, Verse 4-7
28   Matthäus 11, Vers 28

las, war die Entscheidung bereits gefallen. Ich konnte nichts verlieren, aber alles gewinnen. Ich wollte mit Gott leben, der mir seine Liebe durch Jesus Christus mehr als bewiesen hat. Ich ließ mich in seine Hände fallen. Mit diesen Worten möchte ich beschreiben, was kalte Formulierungen von Theologen nicht ausdrücken können: »Bekehrung« und »Glauben« wirklich persönlich zu erleben.

Diese reale Beziehung mit Gott wurde zur Grundlage meines Lebens. In der Folge wurde auch mein Inneres heil. Früher hatte die körperliche Behinderung begonnen, meine Seele langsam aufzufressen, denn letztlich hatte ich mich und meine Behinderung nie annehmen können. Die Geborgenheit in Gott und das Wissen, dass Gott mich liebt, dass er mich so angenommen hat, wie ich bin, haben meiner verwundeten Seele langsam zur Heilung verholfen, auch wenn es nicht immer einfach war.

Einige Verse aus dem Alten Testament, die Gottes Allmacht, seine Liebe und seine Weisheit in Bezug auf mein Werden zum Ausdruck bringen, wurden mir hier besonders wichtig. Sie zeigten mir, dass Gott mich so gewollt hat, wie ich bin.[29]

---

29  Die Bibel sagt, dass Gott Krankheit, Leiden und Tod nicht als Teil seiner vollkommenen Schöpfung gewollt und gemacht hat. Diese Dinge sind eine Folge des »Sündenfalls«. Wir sehen aber in der Heiligen Schrift auch, dass alles durch Gottes zulassenden Willen und seine liebende Hand gehen muss. Zum Schluss wird Gott das Problem der Ungerechtigkeit und des Leides völlig gelöst haben – auch wenn es hier und jetzt nicht danach aussieht und unverständlich bleibt.

*»Denn du bildetest meine Nieren;*
*du wobst mich in meiner Mutter Leib.*
*Ich preise dich darüber, dass ich auf eine*
*erstaunliche, ausgezeichnete Weise gemacht bin.*
*Wunderbar sind deine Werke,*
*und meine Seele weiß es sehr wohl.*
*Nicht verhohlen war mein Gebein vor dir,*
*als ich gemacht wurde im Verborgenen,*
*gewirkt wie ein Stickwerk*
*in den untersten Örtern der Erde.*
*Meinen Keim sahen deine Augen,*
*und in dein Buch waren sie alle eingeschrieben;*
*während vieler Tage wurden sie gebildet,*
*als nicht eines von ihnen war.*
*Und wie köstlich sind mir deine Gedanken, o Gott!*
*Wie gewaltig sind ihre Summen!*
*Wollte ich sie zählen, ihrer sind mehr als des Sandes.*
*Ich erwache und bin noch bei dir.«*[30]

Langsam durfte ich lernen, mich samt meiner Behinderung anzunehmen. Wobei ich hier sagen möchte,
dass das Ganze einerseits mit dem einmaligen »zur
Ruhe kommen in Gott« zu tun hat, aber andererseits
ein täglicher Kampf ist und ein beständiger Lern-
prozess. Es ist eine tägliche praktische Verwirklichung
meines Glaubens in die Güte und Treue Gottes.

---

30  Psalm 139, Verse 13-18

### Ist Lachen noch erlaubt?

Durch diesen Prozess der Heilung wurde zwar mein Verhalten, nicht aber mein Wesen verändert. Ich bin ja von meinem Naturell her ein eher lustiger Mensch, mit einer gesunden Portion Humor. Früher konnte ich diesen Humor aber nur mithilfe der Maske des »Kasperls«, des »immer lustigen Clowns« zum Ausdruck bringen. Ob mir danach zumute war oder nicht. Die Maske war mein Schutz vor Verletzungen. Es tat wohl zu bemerken, dass ich diese Maske ablegen und mich so zeigen kann, wie ich bin. Meine heitere Natur konnte sich jetzt erst richtig entfalten.

Interessant ist da vielleicht, wie sich mein »Drang nach außen« entwickelte. Das »Lumpen« und die damit verbundene künstliche Gaudi, diese Flucht aus der Realität, bedeutet mir nichts mehr. Ich habe nun etwas Besseres, etwas Echtes.

Unbedingt muss ich aber betonen, dass mir Beziehungen zu Freunden noch genauso wichtig geblieben sind. Ich schwebe nicht, setze mich gegen die Montage eines kleinen goldenen Tellers hinter meinem Kopf erfolgreich zur Wehr und lasse mich mit dem Rollstuhl in keine fromme, weltfremde Ecke abschieben.

Einige meiner Freunde haben ja tatsächlich gemeint, dass ich als Christ nicht mehr lachen dürfe, den Kopf so besonders »heilig« (=schief!) halten müsse und auf gar keinen Fall mehr ein Achterl Wein genießen könne. Es macht mir richtig Spaß, falsche Vorurteile über das Christsein durch meinen Humor, mei-

nen Lacher und auch manchmal einem Achterl zu kor-
rigieren. Fragen wie »Eva, du lachst – darfst denn des
überhaupt noch?« haben solche Heiterkeitsausbrüche
zur Folge, dass es mich vor Lachen schüttelt.

Schmunzeln muss ich auch, wenn ich daran denke,
wie viel Verständnis Gott für meine Reiselust zeigte.
Wie schon gesagt, ist Reisen in meinem Fall wegen all
der »kleinen« Komplikationen eigentlich ein Ding der
Unmöglichkeit. Hotelstiegen und Stufen bei Bussen
sind Hindernisse, die allein mithilfe der Person, die
meinen Rollstuhl schiebt, nicht überwunden werden
können, WCs und Bäder müssen groß genug für zwei
Personen und einen Rollstuhl sein …

Aber bei Gott sind alle Dinge möglich. Im Laufe
der letzten Jahre bereiste ich inzwischen Frankreich,
Ungarn, Griechenland und Schweden. Zweimal war
ich in Israel und vor wenigen Wochen in Namibia! Für
jemanden, der nicht körperbehindert ist, ist das vielleicht etwas ganz Banales. Für mich aber war dieses
Vorhaben ein gewaltiges Abenteuer (… und ich liebe
Abenteuer!), eine schier unmögliche Herausforderung.
Ich könnte von jeder Reise ein Buch schreiben. Bis auf
das »Unternehmen Namibia« wurde ich bei allen Reisen von den verschiedensten Leuten eingeladen oder
mitgenommen. Außerdem war die praktisch erwie-
sene Liebe der Leute ein gewaltiger Beweis der Liebe
Gottes. Wie vieles andere in meinem Leben hatte ich
Sehnsüchte wie Fernweh ja einfach »abgedreht«, sonst
wäre das Leben nicht zum Aushalten gewesen! Aber
hier tat Gott einfach Wunder – ich kann das nicht

anders bezeichnen. Damit zeigt er mir deutlich, wie gut er mich kennt und wie liebevoll er mich durchs Leben trägt.

Ein anderer Bereich, der mir die Nähe Gottes zeigt, ist die konkrete Erhörung von Gebeten. Gebet ist ja nicht das Heruntersagen von frommen, auswendig gelernten Redewendungen, die mit dem Leben nichts zu tun haben. Beten ist ganz einfach das Reden mit Gott. So durfte ich schon unzählige Male erfahren, wie Gott als Antwort auf meine leisen Gebete ganz konkret Menschen schickte, um mir in irgendwelchen praktischen Bereichen zu helfen. Sei es nur, dass jemand zur richtigen Zeit an einem bestimmten Ort ist, um mich aus einem Auto oder Bus zu heben, oder um mich zusammen mit dem Rollstuhl über Stufen zu tragen. Übrigens, all die vorhin erwähnten Reisen sind jeweils die konkrete Antwort auf ein Gebet gewesen!

Eine dieser Begebenheiten will ich hier erwähnen: Meine Freundin Anni nahm mich für einen gemeinsamen Urlaub nach Griechenland mit. Wir wussten, dass vor allem die Bustransfers ihre Tücken für uns bereithalten würden. Also haben wir diese »kleinen Details« Gott im Gebet hingelegt. Der erste Eindruck hatte keine Ähnlichkeit mit einer Gebetserhörung. Anni kämpfte sich mit letzter Kraft mit Sack und Pack und Rollstuhl und mir zum wartenden Bus durch. Die anderen Reiseteilnehmer warteten schon missmutig. »Warum fliegt die überhaupt nach Griechenland – ist ja eine Zumutung!«, schienen ihre Mienen zu sagen.

Auf einmal taucht ein Mann auf, wie aus dem Nichts. Er nimmt mich, als hätte er nie etwas anderes getan, setzt mich in den Bus und verschwindet. Solche Dinge passierten mir nicht nur einmal. Am meisten freut es mich aber, wenn Menschen, für die ich bete, beginnen, sich mit der Bibel zu beschäftigen und zu einer lebendigen Beziehung zu Gott finden.

## Gott hilft auch in schweren Zeiten

Am intensivsten erfuhr ich die Nähe und Liebe Gottes in einer der schwierigsten Zeiten meines Lebens. Mein geliebter jüngerer Bruder kämpfte gegen Krebs an und verlor. Martin und ich waren nicht nur durch die Erfahrung der gleichen Krankheit, sondern auch durch den gleichen Glauben an Jesus Christus verbunden. Kein Mensch stand mir näher. Im Jänner 1991 veranlasste der Hausarzt bei Martin eine Biopsie an einem Knoten im Unterarm. Der Befund war positiv – Martin hatte Muskelkrebs. Diese Diagnose löste in unserer Familie ein Erdbeben aus. Hatten wir nicht schon genug mitgemacht? In dieser Situation war es besonders Martin selber, der uns aufgebaut und getröstet hat. Es tat trotzdem unsagbar weh, als wir zusehen mussten, wie die Chemotherapie den ohnehin geschwächten Körper Martins vollends kaputt machte. In dieser schwierigen Zeit erlebten sowohl Martin als auch ich oft den Trost, aber auch die Hilfe Gottes in unbeschreiblicher Weise.

Martin musste immer dann nach Wien in das darauf spezialisierte Krankenhaus zur Behandlung gebracht werden, wenn die Blutwerte nicht in Ordnung waren oder wenn er Fieber bekam. In solchen Zeiten haben Martin und ich zu Gott gerufen, er möge doch eingreifen – und er griff ein. Die Blutwerte sind mehrmals (auf unerklärliche Weise) wieder in den Normbereich gekommen. Zum Schluss aber musste wegen Martins schlechtem Gesamtzustand die Chemotherapie abgebrochen werden – der Kampf war verloren. Dennoch war Martin in den letzten Tagen voller Zuversicht und Hoffnung und ging als »Sieger« heim zu seinem geliebten Herrn und Heiland. Gott hat nicht nur Martin, sondern auch mich selbst schon lange auf diesen Tag des Abschiednehmens vorbereitet. Es fehlen mir die Worte, die innere Ruhe und den Frieden im Herzen zu beschreiben. Gerade in dieser furchtbaren Zeit trug Gott mich in besonderer Weise durch – anders kann ich das nicht sagen.

Wenn ich beim Schreiben dieser Zeilen an die Zeit mit Martin zurückdenke, fällt mir auf, wie ausgefüllt und freudig Martin sein kurzes Leben gelebt hat. Besonders in der letzten Zeit wurde Martin oft gebeten, über den Sinn des Lebens und das Problem des Leids zu sprechen, solange sein Körper die Strapazen mitmachen konnte. Gott hat es mittlerweile geschenkt, dass ich Martins Fußstapfen folge. So durfte ich vor Jugendgruppen, Frauenkreisen, Kinderstunden, christlichen Gemeinden und so manchen anderen Veranstaltungen über mein Leben und meinen Glauben reden. Weit weniger spektakulär, aber mir nicht weniger lieb sind die vielen Gelegenheiten, wo ich in persönlichen Gesprächen und in vielen Briefen und Karten Menschen Mut und Trost geben kann.

Nein, mein Leben ist nicht fad und nicht lebensunwert. Im Gegenteil – meine Zeit ist ziemlich ausgefüllt und manchmal habe ich einen richtigen Stress. Ich weiß, das klingt etwas komisch aus dem Mund von jemandem, der den ganzen lieben Tag »nur herumsitzt«. Neben den Gesprächen und meiner Korrespondenz liegen mir noch die Girls aus dem christlichen Mädchenkreis, den ich seit einigen Jahren leite, am Herzen. Ein anderer Bereich meiner »Lebensaufgabe« ist das Gebet[31] für andere Menschen. Wenn ich von besonderen Nöten und Sorgen oder von schwierigen Vorhaben höre, so bringe ich diese Dinge im Gebet vor unseren himmlischen Vater – und aus vielfacher eigener Erfahrung kann ich sagen, dass er Gebete hört und erhört. Ich könnte hier stundenlang weitererzählen, wie Gott ganz konkret Gebete erhörte. Jede einzelne Antwort auf meine Gebete hat mein Vertrauen in meinen himmlischen Vater gestärkt.

Zum Schluss möchte ich Folgendes sagen: Wenn ich hier behaupte, dass Gott es gut mit mir meint, so ist das nicht die Wiedergabe von einer rein lehrmäßigen Wahrheit, die ein Christ wissen und weitersagen muss.

---

31  Dieser Bereich meines Glaubens mag jemandem, der Gott noch nicht persönlich kennt, fremd, ja, sogar äußerst schräg vorkommen. Für mich ist Gebet – das Reden mit Gott – und Gottes Antworten auf meine Gebete eine sehr reale Erfahrung im Leben. Wirklich verstehen kann das nur jemand, der sich selbst auf Gott einlässt.

Vielmehr ist es die von mir täglich erlebte Realität.
Natürlich wünsche ich mir, dass möglichst viele Menschen diese Erfahrung auch machen.

Eva Fellinger

Anmerkung des Verlags:
Evas körperliche Verfassung ist im Laufe der folgenden Jahre zunehmend schlechter geworden. Dennoch
hat sie weder im Leben noch im Glauben aufgegeben.
Am 27. 10. 2011 ist Eva zu ihrem geliebten Herrn Jesus
heimgegangen. Über Evas Leben könnte man den Satz
schreiben: »*Der Herr, mein Gott, hat mich getragen auf
dem Weg, den ich gegangen bin*« (nach 5. Mose 1,31).

# Hias Schreder

# Extreme
# Freiheit

Dreiundzwanzig Uhr dreißig. Startbereit stehe ich vor meinem Paragleiter auf der Weitscharte am Gosaukamm. Ich muss mich beeilen, denn im Raum Salzburg steht eine pechschwarze Wolkenwand und Blitze zucken. Noch herrscht Windstille und ich habe keine Bedenken. Dutzende Male bin ich schon bei Vollmond geflogen, habe dieses Gefühl der absoluten Freiheit ausgekostet.

Ich komme gut weg. Eine einzigartige Stimmung dringt auf mich ein: Über der Bischofsmütze steht die Kugel des Vollmondes, draußen am Untersberg zucken Blitze und auch der Donner ist schon zu hören. Lautlos schwebe ich in der ruhigen Atmosphäre dahin. Wie wunderbar hat Gott das Universum geschaffen, wie schön ist dieses Fleckchen Erde, über das ich im Mondschein fliege! Staunend denke ich über diesen Schöpfer nach.

Nun fliege ich über meinen Heimatort Annaberg. In einer halben Minute werde ich direkt vor der Haustür landen! Plötzlich klappt eine Hälfte meines Schirms herunter – es wird doch nicht …? Tatsächlich, der erste Windschwall ist da! Obwohl ich den Paragleiter gegen den Wind stelle, fliege ich rückwärts. Jetzt ist auch die Sicht weg! Die ersten Wolken haben den Mond »gefressen«! Orientierung gibt es nur noch, wenn es blitzt. Gut, dass es oft blitzt. Nervös drehe ich in Windrichtung. Blankes Entsetzen packt mich, als ich ein unverkennbares Rauschen höre: Der Sturm ist da!

Der Wind packt mich. Ich schreie Stoßgebete in die Nacht. Es ist entsetzlich. Ich werde mit enormer Geschwindigkeit derartig in die Höhe gezogen, dass es mir vorkommt, als würde das Gurtzeug reißen. Gleich darauf klappt der Schirm. Im nächsten Augenblick werde ich Richtung Wald hinuntergeschleudert und im letzten Moment wieder gehoben. Ständig schreie ich verzweifelt meine Gebete. Während des Blitzens sind die ersten Felder im Nachbartal erkennbar. »Bitte, bitte, lass mich runter!«, flehe ich. Tatsächlich lande ich unverletzt in einer Sumpfwiese. Ich knie im Dreck nieder und danke meinem Gott für die unfassbare Rettung.

Daheim im Bett liege ich noch lange wach. Radikal bin ich heute vom hohen Ross katapultiert worden. Gott hat mir unmissverständlich gezeigt, wer der Chef ist. Nicht ich, mit meiner Alpinerfahrung, sondern er. Wie ist es so weit gekommen? Meine Gedanken gleiten zurück in die Kindheit.

## Abenteuerliche Kindheit

Meine gute Mutter hat meine drei Geschwister und mich nach bestem Wissen und Gewissen erzogen. Als religiöse Frau war sie bemüht, aus uns wertvolle Christen zu formen. Morgen-, Abend- und Tischgebete sowie regelmäßiger Kirchgang gehörten zur Selbstverständlichkeit.

Während der Volksschulzeit diente ich als Ministrant in meinem Heimatdorf Lungötz im Lammertal. Unser Pfarrer riet uns Buben zu einem vollständigen Ablass. Ich machte gerne davon Gebrauch, denn so konnte ich nach dem Tod ohne Fegefeuer direkt in den Himmel kommen. Ich musste eine Zeit lang jeden Sonntag in die Kirche und zur Beichte gehen, die Kommunion empfangen und viele ausgewählte Gebete sprechen. Mein Bubenherz war glücklich, als ich es geschafft hatte. Dass es Gott geben muss, war für mich klar. Aber wer war er wirklich? Ich konnte ihn nicht sehen, der Pfarrer und meine Mutter auch nicht. Ob es jemanden gab, der ihn mir zeigen konnte?

Fast jeden Sonntagnachmittag durchstreifte Mutter mit uns Kindern Wälder und Almgebiete. Vater ging selten mit. Er musste sich von der anstrengenden Arbeit in der Holzindustrie erholen.

Während der Woche zog ich mit einigen Buben auf der Suche nach Abenteuern durch die Wälder. Wir bauten Indianerhütten, Baumhäuser und Brücken, stauten Bäche auf und praktizierten damals schon das Lawinensurfen auf Steilhängen. Am Beginn der Hauptschulzeit stieß ich auf die Zeitschrift »Jugend im

Alpenverein«. Ich beschloss, Bergsteiger zu werden. Meine Begeisterung war ansteckend. Bald war eine Clique von Buben beisammen.

Sommer wie Winter unternahmen wir ohne Aufsicht richtige Bergtouren. Weil wir von unseren Unternehmungen immer gut nach Hause kamen, hatten unsere Eltern nichts dagegen.

Es war ein Genuss, als Führer von meinen Freunden geschätzt und anerkannt zu sein. »Auf den Bergen wohnt die Freiheit«, stand in einem Gipfelbuch und ich wurde zum Gefangenen dieser Freiheit. Berge waren zu meinem Lebensinhalt geworden. Die Eltern beobachteten die Entwicklung mit Sorge: »Vom Bergsteigen kann man nicht leben«, mahnte Vater, und Mutter bedauerte, dass ich nur noch selten zur Messe ging.

Das Ende der Pflichtschulzeit brachte Veränderungen: Wir übersiedelten nach Annaberg, dort hatten unsere Eltern mit viel Fleiß ein neues Haus gebaut. Auch wir Kinder wurden fest zum Arbeiten eingespannt. Ich betrachtete dies als Training fürs Bergsteigen.

Nun besuchte ich das Gymnasium und kam nur noch am Wochenende heim. Bald lernte ich Kurt kennen, der meine Bergleidenschaft teilte. Es entstand eine tragfähige Freundschaft. Alles, was extrem und abenteuerlich war, reizte Kurt und mich enorm. Extremklettereien lösten die »normalen« Bergtouren ab, Abfahrten über Steilwände die »normalen« Schitouren.

Als Siebzehnjähriger kaufte ich ein altes Motorrad, eine Puch 175 SVS. Mein Aktionsradius wurde dadurch um etliches vergrößert. Dass ich vorläufig ohne Führerschein unterwegs war, störte mich wenig, dies gehörte zu meiner Vorstellung von Freiheit. Kurt war gleicher Meinung; er musste sofort eine Puch 250 haben. Die ging noch besser. Einmal sangen wir im primitiven Biwak viele Stunden der Nacht, wir meinten, das schütze vor Kälte. Wir waren fasziniert vom großartigen Sternenhimmel über uns, vom Erwachen des neuen Tages und den wärmenden Strahlen der Morgensonne. Ganz groß musste dieses Wesen sein, das dies alles so wunderbar geschaffen hatte.

Während meiner Gymnasiumszeit beschäftigte ich mich auch mit Yoga und Autogenem Training. Ich hatte gemerkt, dass Körper und Geist in Einklang stehen müssen, um leistungsfähig zu sein. Die halben Ferien arbeitete ich regelmäßig in einer Holzfirma. Natürlich verwendete ich den Verdienst für Bergausrüstung. Den Rest der Ferien verbrachte ich auf Schutzhütten und Almen. Als lustiger Gitarrenspieler war ich überall gern gesehen. Morgens und abends half ich ein wenig bei der Arbeit, während des Tages stand oft Soloklettern bis zum V. Grad auf dem Programm. Ich lernte einige Gebiete der Ost- und Westalpen kennen und im Hinterkopf hatte sich bereits ein Traum festgesetzt: Fahrt zum Himalaya!

## Bekanntschaft mit dem Tod

Begegnungen mit dem Tod rüttelten mich auf. Ich sah, wie ein Schüler auf flottem Fahrrad eine Bahnschranke übersah, auf die Geleise stürzte und vom heranbrausenden Zug zermalmt wurde. Ich war Augenzeuge, als ein Spanier an den Steilwänden der Drei Zinnen 100 Meter in freiem Fall ins Geröll stürzte und ein Jugendlicher am Dachstein tödlich verunglückte. Wir bargen eine Frau, der vom Steinschlag auf der Bischofsmütze der halbe Kopf weggerissen worden war. Tief traf mich auch der Selbstmord eines jungen Mannes im Nachbarort, der nach einem Bergunfall irreparable Kopfschäden erlitten hatte und sein eingeschränktes Leben nicht mehr ertragen konnte.

Gott klopfte bei mir an. Dieser Gott, den ich nie gesehen hatte. Warum ließ er das zu? Wo waren sie nun, diese Toten? Mutter hatte immer von Himmel, Hölle und Fegefeuer gesprochen. »Fürs Fegefeuer wird es bei diesen tragischen Fällen wohl reichen«, tröstete ich mich. Aber mich musste er wohl besonders lieb haben, dieser Gott. Ich war bis jetzt immer heil davongekommen. Aber wo wäre ich im Jenseits hingekommen, wenn ich verunglückt wäre? Über die Sache mit Pfarrers Ablass hatte ich nur mehr ein Lächeln übrig. Das konnte keine Sicherheit geben. Ungewissheit machte sich breit. Das Beste war wohl, nicht daran zu denken.

## Neue Ziele

Ich schaffte die Matura. Zu dieser Zeit wurde der Lehrerberuf stark beworben, weil es zu wenig Lehrer gab. Ich stellte Überlegungen an: Ja, mit Kindern und Jugendlichen konnte ich gut umgehen und die Ferien der Lehrer waren auch nicht ohne. Ich beschloss, Hauptschullehrer zu werden, und wählte Deutsch und Werkerziehung. Viel lieber hätte ich natürlich Sport genommen, aber ich hatte mir schon 20 Mal das Schultergelenk ausgerenkt.

Zusätzlich ließ ich mich zum Religionslehrer ausbilden. Das Thema Gott beschäftigte mich weiterhin. Weil ich jedoch auch mein Hobby zum Beruf machen wollte, absolvierte ich außerdem die Ausbildung zum Berg- und Schiführer, und mit viel Begeisterung trat ich mit 18 Jahren der örtlichen Bergrettung bei.

Bald wurde der Traum vom Himalaya Wirklichkeit! Als Zwanzigjähriger nahm ich an einer Karakorum-Expedition teil. Mitte Juni brachen wir auf. War das ein herausragendes Erlebnis! Zu sechst fuhren wir mit zwei Kleinbussen nach Pakistan und wollten den 7492 Meter hohen Pumari-Kish erstbesteigen. Ein lebensgefährlicher Gletscherbruch ließ uns nicht einmal bis zum Bergfuß gelangen. Wir mussten schweren Herzens mit einem 6500 Meter hohen Nebengipfel vorliebnehmen. Diese drei Monate im Orient beeinflussten mich nachhaltig. Viele Jahre war mein Fahrverhalten im Straßenverkehr davon geprägt. Das Spießbürgertum im Wohlstandswesten ging mir danach vermehrt gegen den Strich. Im Orient war alles viel freier, viel gemütlicher, viel lockerer.

Einige Monate nach der Expedition konnte ich nicht mehr begreifen, warum ich das Glück nur auf den Bergen gesucht hatte. Es war doch direkt im Tal zu finden: Ich lernte meine Frau Marianne kennen. Nachdem das Stadium der Verliebtheit vorübergegangen war, das ich früher auch schon erlebt hatte, wusste ich diesmal genau: Das ist die Frau fürs Leben! Und das Sonderbare – sie war völlig unsportlich! Ich liebte sie dennoch von ganzem Herzen. Nach einem Jahr, wie könnte es anders sein, verwendete ich viel Zeit dafür, Marianne für die Berge zu begeistern. Es lohnte sich für uns beide. Viele schöne Stunden verbrachten wir zu zweit und später mit den Kindern in den Bergen.

## Aufkommende Turbulenzen

Ich wurde in meinem Heimatort als Lehrer angestellt und begann meinen Dienst mit viel Begeisterung. Mein Bemühen war es immer, als Lehrer ein gutes Vorbild zu sein. Das Leben begann aber zunehmend turbulent zu werden.

Ich wurde überall gebraucht: bei der Bergrettung als Ausbildungsleiter und Ausbildner bei den Landeskursen, im Alpenvereinsausschuss und als Alpenvereins-Jugendführer. Ich stellte mich als Obmann der Lawinenkommission zur Verfügung und hielt im ganzen Land Lawinenvorträge. Ich war beim Schiklub tätig, sang im Kirchen- und Volksliedchor. Ich war als Mundartdichter für Hochzeitsverse und Brauttänze eingesetzt, gestaltete Faschingsbriefe für die Feuerwehr und war Sprecher bei Blasmusikkonzerten. Bei Advent- und Weihnachtsfeiern sowie Altentagen stellte ich mich als Vorleser zur Verfügung und als Breitfeder-Spezialist schrieb ich zahllose Urkunden.

Mein Leben als Multifunktionär erzeugte zunehmend Zeitdruck. Oft wusste ich nicht, wie ich die Termine unter einen Hut bringen sollte. Notlügen wurden zur Gewohnheit. Verständlicherweise schlief ich sehr wenig und ich wundere mich, dass ich damals noch Zeit zum Hausbauen fand. Mit Dankbarkeit darf ich erwähnen, dass mich Eltern, Geschwister und viele Freunde dabei tatkräftig unterstützt haben. Ja, ich hatte mir in der Bevölkerung einen guten Namen gemacht, war beliebt, geachtet und wurde vielleicht manchmal beneidet. Meine Bergführeraktivitäten fielen in erster Linie auf den Sommer.

Trotz Familie, Beruf und all den Beschäftigungen und Aufgaben packte mich erneut die Bewegungssucht. Dass ich Familienvater war, hinderte mich nicht, Motor einiger fanatischer Bergsportler zu werden. Einmal brachen wir zu einer Marathon-Schitour auf, bewältigten in 22 Stunden fast alle Rinnen und Kare des Gosaukamms und legten dabei 45 Kilometer und 8250 Höhenmeter im Aufstieg zurück. So schnell schlief ich seither nie mehr ein.

Weil die Sportkletterszene in den Alpen Einzug hielt, begannen auch wir aufs Neue zu trainieren und kletterten die Pumprisse im Wilden Kaiser – den ersten offiziellen VII. Schwierigkeitsgrad in den Alpen. Ja, und einige Jahre später erlag ich dem Paragleiterfieber und gab diesen Virus an viele andere weiter. Fliegen, das war das absolute Freiheitsgefühl, weiter – höher – wilder. In der Freizeit befand ich mich bald mehr in der Luft als auf dem Boden. Oft landete ich direkt vor unserem Haus. Wenn Marianne zu den Kindern sagte: »Der Papa kommt«, liefen sie vors Haus und schauten aufgeregt zum Himmel, denn mittlerweile hatten sie schon mitbekommen: Wenn Papa heimkommt, dann kommt er meist aus der Luft daher.

Es ging so weit, dass wir uns bei unserem Egotrip die Frage stellten: »Was können wir in vier Stunden Freizeit am Abend alles niederreißen?« 1000 Höhenmeter Aufstieg, fünf seilfreie Klettertouren im oberen IV. Schwierigkeitsgrad und ein Paraflug um 22 Uhr zurück ins Tal – das war die Antwort.

Ich war ständig auf der Suche nach neuen Erlebnissen: Klippenstart auf der Bischofsmütze, Hochnebelflüge, Thermikabenteuer, Vollmondflüge – genug war es nie. Kaum war ein Ziel erreicht, kurzes Glück, aber gleich danach die Frage: »Was ist das Nächste?« In diesem Taumel erlag ich noch der Vorstellung, dass ein wirklich freier Mensch eine außereheliche Beziehung brauche. Nun war das Chaos perfekt!

### Esoterik-Intermezzo

Nachdem ich eine Wünschelrutengeherin beobachtet hatte, sagte ich zum Spaß: »Was diese Frau tut, das kann ich auch.« Als es zu meiner Verwunderung tatsächlich funktionierte, begann mich diese geheimnisvolle Sache enorm zu interessieren. Ein neues Betätigungsfeld tat sich auf. Bald war auch ich anerkannter Wünschelrutengeher und erntete viel Lob und Dank von meinen Mitmenschen. Ich lernte, wie man Medikamente und ganzheitliche Heilmittel auspendelt, und belegte ein Seminar über Schüßler-Mineralsalze.

Es dauerte nicht lange, da hatte ich schon die ersten »Patienten« in meiner »Ordination«. Weil sie zufrieden waren, schickten sie mir ständig weitere Menschen nach. Auch meine Frau und die Kinder (inzwischen waren es schon vier) benutzte ich als Testpersonen. Zum totalen Renner entwickelten sich die »Anti-Rausch-Tropfen« Nux vomica D4. Laut homöopathischer Spezialliteratur förderten sie in hohem Maße den schnellen Alkoholabbau. Da konnte man plötzlich viel trinken und war am nächsten Tag dennoch fit. Vor jeder Feier – und Feiern gab es viele – stieg der Absatz enorm. Weil Mineralsalze und homöopathische Mittel in Deutschland wesentlich billiger waren, schmuggelte ich große Mengen.

### Die Wende bahnt sich an

Ich lernte einen hervorragenden Berg- und Straßenläufer kennen. Bei unseren Geländeläufen und Bergtouren ergänzten wir uns fabelhaft. Als Magister für Sport und Religion schätzte er es, mit mir auch über religiöse Themen reden zu können.

Gott rückte wieder mehr ins Blickfeld meines Interesses. Ich musste eingestehen, dass ich jahrelang meine Familie vernachlässigt hatte. Die Beziehung zu mei-

ner Frau war am Tiefpunkt angelangt. Es war nicht
verwunderlich. Sie suchte dringend nach Halt, um es
irgendwie mit so einem Spinner wie mir auszuhalten.
Wie oft saß sie mit den Kindern allein zu Hause! Sie
kannte die Gleichung: »Risiko x Häufigkeit = Kata-
strophe!«, und hatte Angst, dass ich irgendwann ver-
unglücken würde.

Weil mein neuer Sportfreund unsere Schwierigkeiten kannte, lud er Marianne zu einem Glaubens-
kurs nach Rom ein. Sie kam verändert zurück, ging
nun täglich zur Messe und empfing regelmäßig die
Kommunion. Er leitete für die Teilnehmer dieser
Glaubensfahrt in der Folge eine monatliche Bibel-
gesprächsrunde. Weil ich sein Freund war, lud er auch
mich dazu ein. Außerdem besuchte Marianne die
wöchentliche Bibelrunde der Pfarrei. Nach drei Jahren
aktivster Religiosität bekam sie jedoch ganz viele Zweifel. Sie flehte zu Gott um Erkenntnis der Wahrheit. Zu
guter Letzt tauchte Max bei uns auf, ein bibelgläubiger
Tischler. Er fragte, ob wir Interesse hätten, mit ihm in
der Bibel zu lesen. Am liebsten hätte ich ihn auf der
Stelle verjagt. Als ich jedoch die bittenden Augen meiner Frau sah und mein schlechtes Gewissen mir meine
vielen Versäumnisse in Erinnerung rief, stimmte ich
zu.

Ich musste eingestehen, wie ausgebrannt ich
war. Ich hatte in meinem Egoismus in erster Linie
genommen und genossen, rücksichtslos, gefangen in
meiner Bewegungssucht, in meiner Gier nach Freiheit. Dabei war meine Seele vertrocknet, wie ein Acker

ohne Wasser. Auch meine Aktivität in den Vereinen änderte daran nichts. Sollte nun die nötige Veränderung kommen?

Als wir das erste Mal mit Max das Johannesevangelium lasen, fiel mir auf, dass er meine vielen Fragen konsequent mit der Bibel beantwortete. Die alte Frage, die mich als Ministrant schon bewegt hatte, kam wieder auf den Tisch: »Wer ist Gott? Ich sehe ihn nicht. Kannst du ihn mir zeigen?« Max machte uns anhand der Bibel klar, dass Gott sich durch die Schöpfung, durch das Gewissen, durch die Geschichte der Juden, durch die Bibel und durch die Hauptperson der Bibel – Jesus Christus – den Menschen zu erkennen gibt. Er wies darauf hin, dass das letztlich die Grundfrage jedes Menschen ist. Sogar ein Apostel hatte Jesus genau das gefragt: »Herr, zeige uns den Vater!« Und wir lasen gemeinsam Jesu Antwort: *Wer mich sieht, hat den Vater gesehen.*[32] »Aber Jesus ist ja angeblich in den Himmel aufgefahren, wir sehen ihn ja heute wieder nicht!« »Doch«, sagte Max, »wer vorurteilslos die Bibel liest, sieht Jesus geradezu auf jeder Seite! Deshalb nennt Jesus sich selbst *das lebendige Wort Gottes.*[33] Nach diesem Abend hatte ich viel zum Nachdenken. »Wenn das alles wahr ist?«

Als Skeptiker ging es mir nun in erster Linie um die Glaubwürdigkeit der Bibel. Dabei wurde mir eines klar: Ich durfte ihre Aussagen nicht kritisieren, solange ich sie im Zusammenhang gar nicht kannte. Ich musste

---

32  Johannes 14, Vers 9
33  Offenbarung 19, Vers 13

die Bibel mit ehrlicher Haltung lesen! »Und wenn sie wirklich Gottes Wort, ja, die Wahrheit ist, was dann?«

Meine Unsicherheit stieg, als ich mit meinem Sportfreund darüber redete. Er warnte mich und bedauerte meine Entscheidung, mit einem Tischler ohne theologische Ausbildung die Bibel zu lesen. Jeder lege die Bibel aus, wie er wolle. Aber genau das tat Max nicht. Er versuchte nie, mir seine Meinung aufzudrängen, wusste oft keine Antwort oder musste erst in der Bibel nach ähnlichen Stellen suchen. Ganz bescheiden versuchte er, die Bibel mit der Bibel zu erklären.

Mein Interesse stieg. Ich musste dieses Buch kennenlernen. »Großer Gott, zeige mir, wer du bist!«, betete ich. Er zeigte mir aber zuerst, wer ich selber war, und das war ernüchternd genug. *Jeder, der die Sünde tut, ist der Sünde Knecht*[34], las ich. Der Pfeil saß. Ich musste zugeben: »Das stimmt, was da steht!« Ich wusste, dass es falsch ist, Frau und Kinder zu vernachlässigen, zu lügen, zu schmuggeln oder fremdzugehen. Wessen Knecht war ich? Ein Knecht der Sünde! Und ich hatte hochmütig gemeint, Sünde, na ja, das sei ein Relikt aus dem Mittelalter. Wenn ich ganz ehrlich war, dann musste ich zugeben, dass ich als Knecht der Sünde viel Mist gebaut hatte. Klar konnte ich manches verbergen und vertuschen, aber vor Gott? Wer kann sich vor Gott verstecken? Wie soll ich vor diesem Gott bestehen? Ein heiliger Gott kann Sünde nicht tolerieren.

---

34  Johannes 8, Vers 34

Ich erinnerte mich in diesem Moment, wie oft ich ganz knapp am Abgrund des Todes gestanden war: in der Lawine am Montblanc, bei meinen Abstürzen an der Kleinen Bischofsmütze und in der Gamsmutterwand, in der Steinschlaghölle der Nordwand der Großen Zinne, beim Schisprung über eine 10 Meter hohe Felswand und bei etlichen Beinahe-Verkehrsunfällen.

Wöchentlich kam Max zu uns. Ich löcherte ihn mit vielen Fragen. Ruhig verwies er auf die Bibel. »Gibt es Menschen, die nicht ins letzte Gericht kommen?«, wollte ich wissen. »Gute Frage«, antwortete Max. »Hier zeigt uns die Bibel die Frohbotschaft des Evangeliums, die ganze Liebe Gottes.« Er las: *Jesus spricht: Wahrlich, wahrlich, ich sage euch: Wer mein Wort hört und glaubt dem, der mich gesandt hat, der hat ewiges Leben und kommt nicht ins Gericht, sondern er ist aus dem Tod in das Leben übergegangen.*[35] Gewaltig! Und noch dazu spricht Jesus da zu lebenden Menschen! Wer glaubt, kann dieses Leben auf der Stelle haben! Aber, wenn das so leicht wäre … Zweifel schlichen wieder in meine Gedanken.

Ein paar Tage darauf sprach ich wieder mit meinem altbekannten Sportfreund. Mit ihm war ich nach wie vor am Berg unterwegs. Unsere Touren waren immer häufiger durch Dauergespräche über den Glauben gekennzeichnet. Ich war ungemein lästig und stellte Frage um Frage. Durch das viele Lesen in der Bibel waren mir manche kirchliche Praktiken nicht mehr

---

35  Johannes 5, Vers 24

geheuer und ich konnte nicht verstehen, warum er unsere gemeinsame Religion nicht anhand der Bibel prüfen wollte.

Ich entschied, in Zukunft weder mit Max noch mit ihm über geistliche Dinge zu sprechen. Marianne und ich wollten der Sache alleine auf den Grund gehen. Wir beteten, dass Gott uns die Wahrheit erkennen lassen möge. Täglich lasen wir in der Bibel und verstanden immer mehr. Nach fünf Monaten luden wir Max wieder ein, zu uns zu kommen.

Bald darauf setzte Marianne ihr ganzes Vertrauen allein auf das Wort Gottes, die Bibel, und sie richtete ihr Leben danach aus. Ein Jahr danach folgten auch unsere beiden älteren Töchter ihrem Beispiel. Marianne war außergewöhnlich lieb zu mir, aber in mir tobte der Kampf weiter. Ich hatte Angst, mein Ansehen zu verlieren, als »Sektierer« abgestempelt zu sein, wenn ich mich klar zu Jesus Christus und seinem Wort bekenne. Ich merkte jetzt schon bei etlichen Verwandten und Freunden, dass sie mir mit einer gewissen Distanz begegneten und so versteckt ihre Sorge um mich zum Ausdruck brachten. Zu guter Letzt zerbrach auch noch meine langjährige Sportlerfreundschaft mit dem Religions- und Sportlehrer, was mir sehr leidtat. Meine Mutter weinte, weil ich mit dem »Väterglauben« nichts mehr anfangen konnte. Ich befürchtete, samt meiner Familie zum Außenseiter zu werden. Hatte mich ein neues Extrem gepackt?

Immer wieder beschäftigte mich der Vers: *Ich bin der Weg, die Wahrheit und das Leben. Niemand*

*kommt zum Vater als nur durch mich.*[36] Dieser Jesus
war doch eigentlich überhaupt nicht tolerant. Er sagt
klar, worum es geht! Da fiel mir der Spruch aus meiner
Jugend ein: »Viele Wege führen zu Gott, einer
davon geht über die Berge.« Wie hatte mir dieser Satz
damals gut getan! Aber nach der Bibel war er falsch!
»Viele Wege führen über die Berge, aber einer nur zu
Gott«, so müsste er richtig heißen. Ich spürte, dass ich
mich entscheiden musste. Es gab nur ein »Entweder-
oder«. Entweder Jesus ist Gott, oder er ist ein Lügner.
Aber: Stirbt ein Lügner unschuldig am Kreuz für gott-
lose Menschen? Gibt er sein Leben hin, damit andere
gerettet werden können? Je mehr ich in der Bibel las,
desto genauer spürte ich: Diesen Jesus brauche ich.
Ohne ihn bin ich verloren.

Ich hatte oft erlebt, dass ich ein Gefangener meiner
Leidenschaften war, dass ich auf meiner Suche nach
Freiheit, Lust und Abenteuer Dinge tat, die Gottes
Urteil verdient hatten. Als ich wiederholt die Leidens-
geschichte Jesu las, erkannte ich, wie sehr mich dieser
Gott liebt. Jesus ist am Kreuz stellvertretend für mich
gestorben. Ich, der Sünder, der Schuldige, kann frei
werden, weil ein anderer für mich mit seinem Leben
bezahlt hat, nämlich Jesus Christus! Nun erst hatte mir
Gott gezeigt, wie *er* ist. *Gott aber erweist seine Liebe zu
uns darin, dass Christus, als wir noch Sünder waren, für
uns gestorben ist.*[37]

---

36  Johannes 14, Vers 6
37  Brief an die Römer 5, Vers 8

## Wirkliche Freiheit

Ende August 1992 ging ich in meinem Schlafzimmer reumütig auf die Knie und bekannte Gott alles Schlechte, das ich gedacht, gesagt und getan hatte. Ich bat Gott um Vergebung. Und ich bat: »Herr Jesus, komm du in mein Leben, übernimm du die Führung in meinem Leben.«

Er tat es. An den Auswirkungen merkte ich, dass ich es mit einem lebendigen Gott zu tun hatte, wenn ich ihn auch nicht direkt sehen konnte. Auf einen Schlag wurde meine Schuld weggenommen. Ich durfte im Glauben annehmen, dass ich Vergebung empfangen hatte. War das eine Befreiung!

Ein offensichtliches Wunder war, dass ich plötzlich von meiner Bewegungssucht geheilt war. Ich hatte vollkommenen Frieden, wenn ich bei schönstem Wetter mit Frau und Kindern gemütlich auf der Hausbank saß und wir endlich Zeit zum Plaudern hatten. Wie freuten sie sich! Nach so vielen Jahren einen richtigen Mann und Papa zu haben, das war wunderbar.

In unserer Beziehung gab es zwar viele unliebsame Altlasten aufzuarbeiten, aber wir waren mit unseren Problemen nun nicht mehr allein. Gemeinsam konnten wir unsere Anliegen im Gebet vor den allmächtigen Gott bringen. Wir trauten ihm wirklich jede Veränderung zu. Und er veränderte viel. Früher waren wir oft nicht in der Lage gewesen, Eheprobleme offen miteinander zu bereden. Jetzt war das möglich.

Das Vertrauen zu mir, das Marianne verständlicherweise total verloren gehabt hatte, kam langsam zurück. Nun wollten wir unser Leben nach der Bibel ausrichten. Das Buch der Bücher war zur Gebrauchsanweisung für unser Leben geworden. Welchen Schatz hatten wir da in unserer orientierungslosen Zeit in Händen! Unsere älteren Mädchen konnten ewig gültige Werte ihr Eigen nennen. Ihr Teenagerleben wurde davon geprägt. Und wir »Alten« konnten ohne Sorge ihr Heranwachsen beobachten.

Auch die Natur konnte ich nun mit ganz anderen Augen sehen und genießen. Dass wir uns richtig verstehen – ich bin weiterhin gerne im Alpingelände unterwegs, nur seltener als früher. Die Sucht ist nicht mehr da. Früher war ich mit der Stoppuhr durch die Gegend gerannt und hatte nicht gewusst, wem ich für meine Gesundheit danken sollte. Jetzt staunte ich über alles, was Gott so wunderbar geschaffen hatte.

Ich war ein Kind Gottes geworden. *Ich überführe und züchtige alle, die ich liebe*[38], las ich einige Monate später. Mit dem Verstand konnte ich dieser Aussage zustimmen – einem liebenden Vater im Himmel konnte es nicht egal sein, was seine Kinder auf Erden tun –, aber wirklich begriffen hatte ich diesen Satz leider noch nicht. Fast 30 Jahre lang war ich ständig auf Bergen unterwegs gewesen, hatte viel Erfahrung gesammelt und war dabei ein wenig hochmütig und überheblich geworden. Oft meinte ich, ein »Alpinchef« zu sein. Bis mich der Herr vom hohen Ross holte. Drei Extremerlebnisse führten zu meiner Ernüchte-

---

38 Offenbarung 3, Vers 19

rung: ein Lawinenunglück, bei dem mein Partner nur wie durch ein Wunder überlebte; durch das wildeste Paragleiter-Erlebnis meines Lebens (das ich in der Einleitung beschrieben habe) und durch den Felssturz auf der Bischofsmütze, wo Tausende Tonnen Gestein über unser Materialdepot donnerten. Wären wir 15 Minuten früher abgestiegen, hätte uns ein Sekundentod ereilt. Der allmächtige Gott hat mich voll Liebe, aber sehr eindrucksvoll vom hohen Ross katapultiert. Ohne Schaden zu nehmen, durfte ich meine Lektion lernen.

Als ehemaliger Multifunktionär legte ich viele meiner Ämter zurück und behielt nur noch die, wo ich der Allgemeinheit am besten dienen konnte: Ich blieb Obmann der Lawinenkommission und Mitglied der Bergrettung und versuche, mich weiterhin mit ganzem Herzen einzusetzen.

Durch die Bibel erkannte ich auch, dass ich allerhand in Ordnung zu bringen hatte. Ich erstattete beim Zollamt Selbstanzeige und gab zu, dass ich viele Medikamente geschmuggelt hatte. Ich erklärte den Beamten, dass ich diesen Umstand nicht mehr mit meinem Gewissen vereinbaren könne, weil ich zum Glauben an Jesus Christus gekommen sei. Ein Kopfschütteln und eine Strafe von 6000 Schilling waren die Folge.

Im Alten Testament las ich, dass Gott es hasst, wenn Menschen ihr Vertrauen nicht auf ihn allein setzen. So glaubten die Israeliten ihren Wahrsagern – wie wir heute den Wünschelrutengehern – mehr als Gott.[39] Ich

---

39  z. B. Jesaja 8, Vers 19

musste unweigerlich an die vielen Menschen denken, die mir, meiner Wünschelrute und meinem Pendel ihr gesamtes Vertrauen entgegengebracht hatten und nicht Gott.

Spontan entschied ich mich, mit diesen Praktiken aufzuhören. Wenn »Kunden« und »Patienten« anriefen, erklärte ich ihnen, dass ich nun etwas viel Besseres hätte: »Es gibt jemanden, der Wasseradern und Erdstrahlen völlig unschädlich machen kann. Wer das sei? – Jesus Christus!« Wir hatten es selbst bei unserer Tochter erlebt. Sie hatte als Schulkind jahrelang an Schlafstörungen gelitten. Wir waren darauf fixiert gewesen, dass die Ursache in den Wasseradern zu suchen sei. Als wir dann in vollstem Vertrauen Jesus Christus das Problem in die Hände legten, schlief sie ungestört. Der Herr kann einfach alles bewirken!

Ja, und da waren noch etliche Menschen, bei denen ich mich entschuldigen musste. Einige wunderten sich, viele belächelten mich. Aber nun war ich wirklich frei von all diesen Belastungen; der Herr Jesus hatte mich frei gemacht und mir Frieden geschenkt.

Befreiend ist es auch, dass ich Fehler zugeben und mir der Vergebung Gottes sicher sein kann, weil er es versprochen hat: *Wenn wir unsere Sünden bekennen, ist er treu und gerecht, dass er uns die Sünden vergibt und uns reinigt von jeder Ungerechtigkeit.*[40]

Über Ferientage mit herrlichem Bergwetter kann ich mich auch heute noch freuen. Allerdings frage ich

---

40  1. Brief des Johannes 1, Vers 9

Jesus: »Herr, ist Bergsteigen heute auch dein Plan für mich? Ich möchte meine Freiheit gebrauchen, um deinen Willen zu tun.«

Manchmal packe ich danach meinen Rucksack und ziehe los. Es kann aber auch sein, dass mir jemand in den Sinn kommt, der schon lange auf einen Brief von mir wartet. Oder ich mache einen Besuch im Krankenhaus. Vielleicht bestürmen mich die Kinder, dass ich mit ihnen zum Wildwasserbaden gehe, und wir verbringen ein paar schöne Stunden zusammen. Möglich, dass ich am Abend noch zur Weitscharte gehe und einen ruhigen Flug nach Hause genieße.

Jedenfalls plagt mich nach solchen Tagen nicht wie früher das Gefühl, dass ich etwas versäumt haben könnte. Im Gegenteil. Ich weiß nun, dass die Freiheit, nach der ich suchte, nicht auf den Bergen wohnt. Die neue Qualität von Freiheit verhilft zu extremen Höhenflügen, bei denen man weder auf Gleitschirm noch auf Thermik angewiesen ist. Wen Gott frei macht, der ist wirklich frei.

Hias Schreder
Hefenscher 74
A-5524 Annaberg
schrederhias@gmx.at

# Nachwort

Aus vielen Gründen ist die Bibel einzigartig:

- Sie steht weltweit Jahr für Jahr unerreichbar an der Spitze der Bestsellerliste.
- Sie ist heute aktueller denn je.
- Sie wurde bereits in über 2000 Sprachen übersetzt. Weitere 1000 Sprachen sind in Arbeit.
- Geburt, Leben, Tod und Auferstehung Jesu sind in über 300 Prophezeiungen bereits im Alten Testament vorausgesagt, die sich buchstäblich erfüllt haben.

Sechs sehr unterschiedliche Menschen erzählten uns ihre Lebensgeschichte. Sie haben nicht viel gemeinsam. Außer, dass jeder von ihnen mit der Bibel konfrontiert wurde und sich konsequent darauf einließ, die Aussagen dieses alten Buches in seinem Leben anzuwenden.

An den Auswirkungen merkten sie bald, dass sie es nicht mit toten Buchstaben, sondern mit dem lebendigen Wort des lebendigen Gottes zu tun haben. Durch die Vergebung ihrer Sünden haben sie Frieden mit Gott und neues, wirkliches Leben von ihm bekommen. Ihr Leben steht seit ihrer Begegnung mit Jesus Christus auf einem festen Fundament. Jeder von

ihnen hat erfahren, dass Jesus recht hatte, als er vor fast
2000 Jahren sagte:

*Ich aber bringe allen, die zu mir gehören, das Leben –
und dies im Überfluss.*

Johannes 10,10

Wolfgang Bühne (Hrsg.)
# Die Ruhe der Rastlosen

128 Seiten, Taschenbuch
ISBN 978-3-89397-780-2

Rastlos, umhergetrieben von der Frage nach dem Sinn des Lebens und enttäuscht von den Lebensphilosophien unserer Zeit, erleben vier »Aussteiger« den errettenden Einstieg:

Kurt brennt als Junge zu Hause durch und landet in der Fremdenlegion;

Willy – ungeliebt und abgeschoben – versucht seine Probleme im Alkohol zu ertränken;

Alois sucht als Hippie in Mexiko das Ende des Regenbogens, und

Alfred betäubt sein Leben mit Drogen und wird Stammkunde in Apotheken und Kneipen.

Sie alle finden Ruhe und Frieden bei dem, der sie allen »Mühseligen und Beladenen« anbietet.

Christoph Hochmuth
# Senkrechtstart

**Kurs auf Gott**
128 Seiten, Taschenbuch
ISBN 978-3-89397-985-1

Kommt Ihnen das bekannt vor: ein angefülltes Leben und doch immer wiederkehrende Momente der Leere? Häufiger Kurswechsel in den Stürmen des Lebens und doch Sehnsucht nach einem stabilen Kurs und innerem Frieden? Dann wurde dieses Buch für Sie geschrieben.

Christoph Hochmuth behandelt zentrale Themen wie die Sehnsucht nach Erfüllung und das größte Defizit des Menschen. Er stellt dem Wesen des Menschen das Wesen Gottes gegenüber und zeigt auf, wie Jesus Christus auch nach 2000 Jahren eine höchst aktuelle Botschaft für uns hat. Auf Grundlage dieser Botschaft lädt er dazu ein, Kurs auf Gott zu nehmen.